KB013505

야스퍼스 vs 니체

세창프레너미Frenemy 005

야스퍼스 vs 니체

초판 1쇄 인쇄 2020년 4월 3일
초판 1쇄 발행 2020년 4월 10일
_

지은이 정영도
펴낸이 이방원
편 집 정조연·김명희·안효희·윤원진·정우경·송원빈·최선희
디자인 양혜진·손경화·박혜옥 **영 업** 최성수 **업무지원** 김경미
_

펴낸곳 세창출판사
신고번호 제300-1990-63호
주 소 03735 서울시 서대문구 경기대로 88 냉천빌딩 4층
전 화 723-8660 **팩 스** 720-4579
이메일 edit@sechangpub.co.kr **홈페이지** http://www.sechangpub.co.kr/
_

ISBN 978-89-8411-927-7 93160

ⓒ 정영도, 2020

_ 이 책에 실린 글의 무단 전재와 복제를 금합니다.
_ 책값은 뒤표지에 있습니다.

이 도서의 국립중앙도서관 출판시도서목록(CIP)은 서지정보유통지원시스템 홈페이지(http://seoji.nl.go.kr)와
국가자료공동목록시스템(http://www.nl.go.kr/kolisnet)에서 이용하실 수 있습니다. CIP제어번호: CIP2020012459

세창프레너미Frenemy 005

야스퍼스 vs 니체

정영도 지음

세창출판사

프리드리히 니체Friedrich Nietzsche가 칼 야스퍼스Karl Jaspers의 철학에 많은 영향을 미쳤다는 것은 의심할 여지가 없다. 야스퍼스가 니체에 관하여 처음으로 언급했던 논평은 1905년 1월 28일 26세의 청년 야스퍼스가 작성한 비망록에서 발견된다(KF, 9).

나는 니체의 차라투스트라를 읽었다. 그 작품은 나를 경탄 속에 가져다 놓았다. 니체에 대한 모든 비방으로 인해 나는 많은 것을 기대하지 않았었지만, 한 위대한 시인의 현란한 업적을 읽고는 극도로 놀랐다. 특히 시적인 것이 나의 주의를 끌었다. 놀라우리만치 섬세한 방식으로 묘사된 비유들과 비전들이며 언표된 언어마다 의미심장한 의미를 가지는 것들은 나를 강력하게 사로잡았다. 이치에 맞는 판단을 기초 짓는 순수한 철학적 내용은 지극히 정신적으로 높은 수준의 본질적인 의미를 내포하고 있는 것이 아니다. 모든 판단들은 확실히 지극히 일면적이다. 그러나 사람들은 모든 판단들을 절대적으로 참된 것으로 이해하지 않고, 오히려 일정한 심적 상태들의 표현으로서 이해한다.

　나에게 있어서 니체는 한 사람의 중요한 심리학자인 것같이 생각된다. 심리적인 상태들과 사건들에 대한 그의 묘사는 매우 진실하며 감동적이다.　　　　　　　　　　　　　　　　　• Studium, 36

　야스퍼스는 이 비망록에서 니체를 특히 위대한 시인이면서 심리학자로서 평가하고 있다.

　야스퍼스는 자기 생애의 중반기에, 즉 아직 대학의 철학 교수직을 수행하지 않고 있었고 자기 자신을 아직 철학자로서 이해하지 않았던 시기에 니체의 인간과 작품을 상세하게 분석했다. 일반적으로 알려진 바와 같이 야스퍼스는 의학과 심리학에 대한 연구를 거쳐 마침내 철학 연구에 삶의 닻을 내렸다. 야스퍼스는 1908년에 하이델베르크Heidelberg대학교에서 의학박사학위를 받았다. 그 당시 그는 6년 동안 하이델베르크대학교 의과대학 정신의학교실에서 일반의사로 일하면서 니체 철학을 연구했다. 1913년에 그는 심리학 교수 자격을 획득했고 —1921년에 하이델베르크대학교에서 철학 교수로 임명되기 전— 1916년에는 마침내 객원교수가 되었다. 그는 심리학 교수로 활동하고 있는 동안 니체에 관한 강의안을 작성했고 1916년에 이 강의를 시행했다. 이 강의안은 불완전하나마 그의 유고 속에 육필 원고로 포함되어 있다. 그가 자신의 철학적 작품에서 또는 대학 강좌에서 니체 사상을 해설하고자 했을 경우에는 그때마다 항상 이

원고로부터 자료를 끄집어내어 인용하곤 했다.

야스퍼스는 니체의 인간과 철학에 대한 상세한 연구를 1936년 『니체 —그의 철학함의 이해를 위한 입문Nietzsche —Einführung in das Verständnis seines Philosophierens』이라는 제목으로 출간된 니체 연구 저서에 제시하고 있다. 이 책은 발터 카우프만Walter Kaufmann이 그의 "니체 연구 저서"에서 기술하고 있는 바와 같이 1970년대에 있어 가장 주목할만한 니체 연구 저서로서 간주되고 있다. 이와 반대로 야스퍼스는 이 저서에서 니체를 자기 자신의 철학 사상을 비추어 본 가운데서 지나칠 정도로 주관적 해석을 감행했다는 반론을 야기하기도 한다.

야스퍼스가 니체에 대해 가졌던 인상과 의미는 야스퍼스의 거의 모든 철학적 작품들 가운데 니체와의 명백한 관계 또는 니체에 대한 비판적 생각을 발견할 때 특히 명료화된다.

"헤겔 이후의 모든 철학자들이 니체와 키르케고르와는 대조적으로 퇴색하는 데 반해 이 두 철학자들은 오늘날 의심할 여지 없이 그들 시대의 위대한 사상가로서 현존한다"(VE, 13)라고 말하는 야스퍼스의 니체 이해 및 해석은 우리 시대 철학함의 이정표로 존재한다. 따라서 야스퍼스와 니체 간의 철학적 대비對比는 앞으로 올 철학의 토대의 구축이라는 의미에서 반드시 논의되어야 할 것 같다. 이러한 차원에서 저자는 『야스퍼스 vs 니체』를 기획하여 저술한 것이다. 이러한 의도에 상응하여 이 책을 쓰는 도상에서 저자는 미국 와이오밍대학교The University of Wyoming 철학과 교수인 리처드 로웰 하우이Richard Lowell Howey의 *Heidegger and Jaspers on Nietzsche*(Martinus Nijhoff, The Hague 1973)와 칼 야스퍼스의 *Nietzsche —Einführung in das Verständnis seines Philosophierens*(Walter der Gruyter & Co. Verlag, Berlin 1974)에서 주요 내용들을 발췌·번역하여 본 저술의 기본 골격으로 삼았음을 밝힌다. 특히 저자는 강영계 교수(건국대학교 명예교수)가 야스퍼스의 이 저서 총 487페이지 가운데 9페이지에서 118페이지까지만 ―서론과 니체의 생애 부분만― 번역한 역서 『니체-생애』(도서출판 까치, 1984)에서 약간의 문장들을 인용하고 참조했다는 것도 밝힌다. 그리고 여기 제1장 '야스퍼스의 니체 해석에의 총괄적 입문'은 『인간과 사상』(2017. 12, 제29집)에 「야스퍼스의 니체 이해」라는 제목으로 발표한 저자의 논문이라는 것도 밝힌다.

　가볍지 않은 철학적인 저서들의 출판에 과감하게 투자하는 세창출판사에 깊은 외경을 드린다.

2020. 4.
정 영 도

차례

야스퍼스의 니체 해석에의 총괄적 입문

frenemy

1
철학함의 이해에 있어서 야스퍼스와 니체의 공유

야스퍼스는 1969년 2월 26일, 삶을 종식할 때까지 철학적 논쟁 및 정치적 논쟁을 통해서 오늘날의 세계에 많은 영향을 미쳤다. 특히 그는 자신의 도발적인 저서들을 통해서 영향을 미쳤다. 야스퍼스가 이처럼 영향을 미칠 수 있었던 근거는 그의 인격적인 고결성과 그의 철학함의 실존적인 성실에서 감지된다. 특히 그의 실존적 성실에서 시도하는 사유가 지향하는 관심사와 성향은 많은 사람들로부터 공명을 불러일으키고 있다. 그러나 그의 사유는 내적 갈등을 겪고 있고 그것은 분명한 사실로서 나타나고 있다. 한편으로 이 사유는 태곳적 영원한 철학에 기여하고자 하며, 다른 한편으로는 저 영원한 철학에 대한 니체의 문제 제기에 의해 현상학으로 특징지어지는 역사적 상황을 평가하고자 하기도 한다(KB, 358).

야스퍼스는 칸트와 더불어 객관적인 형이상학을 거부하고 니체와 더불어서는 관념론적인 정신철학을 거부하고 있다. 야스퍼스는 니체와 함께 절대적인 합리성에 근거한 체계철학이 종말을 고하는 시대에 대한 경험을 공유하고 있다.

더욱이 야스퍼스는 자기 자신이 심리학에서 벗어나 철학으로 전향한 이후, 니체에게서 위대한 세계관의 심리학을 보았을 뿐만 아니라, 위대한 철학자의 면모를 발견하고 있다. 야스퍼스는 실존철학에 입각한 시대의 진단자였다는 것을 니체의 특별한 공로로서 강조한다. 니체는 키르케고르와 마찬가지로 자신의 철학함 가운데서 현대의 시대정신을 강렬하고 적절하게 표현하고 있다. 현대의 시대정신을 진단하고 있는 저서인 『현대의 정신적 상황Die Geistige Situation der Zeit』에서 야스퍼스는 니체와 키르케고르가 인상 깊게 나타내고 있는 현대라는 시대의 기본 정조를 다음과 같이 기술하고 있다.

> 확실히 하나의 의식, 즉 모든 것이 의심스럽지 않은 것이라곤 하나도 없고, 본래적인 것이라곤 확증되지 않고, 이데올로기에 의한 상호기만과 자기기만 속에 존속하는 것이라곤 끝없는 혼란뿐이라는 의식이 널리 퍼졌다. 시대의 의식은 모든 존재로부터 시선을 돌려 오로지 자기 자신의 일에 몰두하게 되었다. 그렇게 생각하는 사람은 동시에 자기 자신을 무無라고 느낀다. 그의 종말의식은 동시에 자기 자신의 본질을 무無라고 느끼는 의식이다. 분리되어 떨어져 나간 시대의식은 그 자신의 동시대를 뛰어넘었다.　　•GSZ, 16

야스퍼스는 자기 자신을 발견하는 상황을 『현대의 정신적 상황』에서 적절한 방법으로 기술하고 있다.

근세의 한 특징으로서는 실러Schiller 이래 세계로부터 신神이 박탈되었다는 것이 의식되고 있다. 서양에 있어서는 이 과정이 다른 데서는 볼 수 없을 만치 철저하게 수행되었다. … 서양에 있어서는 기독교에 수반하여 다른 종류의 회의가 가능하게 되었다. 즉 초세계적 창조신의 관념이 전 세계를 한낱 피조물로 만들어 버렸다. 창조된 것들이 최초에는 말하자면 신神의 사상을 모방하여 사유하던 인간의 인식의 대상이 되었다. 프로테스탄트적인 기독교는 이 일을 대단히 진지하게 생각했다. 모든 자연과학은 세계를 합리화, 수학화, 기계화함으로써 이 기독교와 융화하였다. … 이 신神의 박탈은 개개인의 무신앙에서 온 것이 아니라, 정신적 발전의 있음 직한 귀결인 것이며, 여기서는 실지로 무로 이끌어 가고 있는 것이다. 우리는 전에 없던 생존의 적막을 느끼게 된다. 이에 반하여 고대의 회의주의는 아무리 극렬한 것일지라도 황량하지 않은 천태만상의 신비적 현실 속에 안전하게 비호되고 있었던 것이다. … 우리는 지금 비할 수 없이 정신적으로 장엄한 상황 —왜냐하면 허다한 가능성과 위험성을 내포하고 있기 때문에— 속에서 살고 있다. 그러나 이 상황은 만일 아무도 그것에다 충분한 진력을 하지 않는다면 인간이 파멸되는 가장 비참한 시대로 변화해 버리지 않을 수 없을 것이다. • GSZ, 21

이러한 상황에 있어 존재에의 탐구로서 철학함은 가능 실존에서만 일어날 뿐이다. 가능 실존은 탐구의 목표로서 존재에 의해 조종된다.

야스퍼스 철학의 방법은 모든 유한적 존재자를 뛰어넘는 존재의 탐구로서 초월함이다. 존재 자체는 모든 방법의 척도이면서 존재의 주장이다. 따라서 존재 자체는 개인을 자기 자신의 존재 가능에로 가져온다. 초월함은 대상적인 존재자를 방법적으로 넘어섬을 두드러지게 한다.

난파Scheitern의 경험, 즉 의지의 난파 경험은 초월함에 속한다. 의지의 난파는 초월함의 방법에 있어 원칙에 근거한 지知의 확실성을 획득하고자 한다. 난파는 인식 가능한 것의 한계 저편에 있는 타자를 가리킨다.

이 난파와 함께 자유, 상호 소통, 역사성을 경험할 수 있는 가능성이 주어진다. 여기서, 세계정위世界定位, die Weltorientierung의 한계에서 인간은 자기 자신을 넘어선다. 철학함이란 내적 행동, 결단에의 충동이다. 결단은 존재의 환영에 열려 있다.

야스퍼스는 자기 존재를 자유에 근거하여 논의하고 있다. 자유에 근거하여 자기 존재를 파악할 수 있는 한 사람으로서 인간은 자신의 존재 의미에 관하여 결단을 내린다. 실존은 이러한 결단의 실현이다.

의미를 내포한 인간 존재를 실현한다는 것은 니체가 지향하는 것이기도 하다. 그러므로 야스퍼스는 근원 속으로 돌입하는 이해의 의미에 있어서 철학의 장래성 있는 전개란 니체 없이는 사유될 수 없다고 주장한다.

2
허무주의의 극복자로서 니체

1936년에 간행한 『니체 ―그의 철학함의 이해를 위한 입문』 가운데 제2부 제3장 "역사와 현대의 시대Geschichte und gegenwältiges Zeitalter"라는 장章에서 야스퍼스는 니체가 천명하고 있는 시대 비판적 입장을 인용하고 있다. 그는 니체가 『즐거운 학문Die fröhliche Wissenschaft』 가운데 "신神의 죽음과 미친 인간"이라는 장에서 "우리들 자신이 신神을 죽였다"라고 쓰고 있는 것을 인용하고 있다(KSA 3 FW, 480f).

니체가 기독교가 드러내고 있는 거짓과 허위에 직면하여 그것을 예민하게 느낀 나머지, 진실성을 보호해야겠다는 자기 나름의 깊은 철학적 사명에서 감행한 기독교적 신神의 표상과 도덕적 표상에 대한 파괴에서 야스퍼스는 인간 사유의 가능성과 자기반성 능력의 최종적 귀결을 보고 있다. 이 귀결은 야스퍼스가 니체와 관련하여 말하고 있는 바와 같이 인간들을 무 앞에 서게 한다. 다시 말해서 이 귀결은 인간을 허무주의와 대결시킨다.

야스퍼스의 조망에서 볼 때 니체는 자신의 근본적 시대, 이성, 지식, 철학, 가치 등에 대한 비판으로 시종일관하는 천재적 시대 진단 자이고 허무주의적 시류를 알리는 예고자이다. 또 니체는 허무주의를 극복한 철학자이기도 하다. 야스퍼스는 니체에 대한 이러한 규정을 다음과 같이 기초 짓고 있다.

니체가 무를 최종적인 것으로 간주하지 않기 때문에 그는 허무주의의 극복자로서 나타나고 있다. 그는 자신의 후기의 전 철학을 자신의 위대한 정치, 자신의 세계 해석, 자신의 영원회귀설에 있어 허무주의에 대한 반대 운동으로서 이해하고 있다. 그 외에 전면에 의해서 속지 않는 모든 사람에게 니체의 사유에는 부정 속에 긍정이 현재하고 있는 것으로 생각된다. 그가 모든 것을 문제화하고 있는 것은 근원 및 순수를 토대로 한 충동이다. 가령 긍정이 실증적 언명에서 성공하지 못한다고 하더라도 이러한 사유의 긍정적인 정조는 그의 시대의 가장 근본적인 해체 가운데서도 여전히 남는다.　　　　　　　　　　　　　　　　　　　　　　　• N, 252

이처럼 야스퍼스에게 있어 니체는 천재적인 세계관의 심리학자이면서 시대의 진단자이고 동시에 새로운 철학의 창조자이다. 니체는 실존철학에 길을 마련한 실존적인 사상가이다. 만일 야스퍼스가 그의 철학함을 발전시켜 나감에 있어 니체로부터 결정적인 자극을 경험하지 않았다면 그는 이러한 철학적 조류의 공공연한 대표자로서 사유할 수 없었을 것이다. 더욱이 그의 철학의 발전 과정에 관한 반성에서 야스퍼스는 니체로부터 많은 힘을 입은 자신의 『세계관의 심리학Psychologie der Weltanschauungen』이 이미 훗날 등장한 실존철학의 중요한 사유 동기를 선취先取했다고 말하고 있다. 이 말을 고려할 때 야스퍼스의 초기 작품인 『세계관의 심리학』에는 야스퍼스와 니체의 관계가 뚜렷하게 나타나고 있다. 야스퍼스는 니체와 자기와의 관계를 다음과 같은 말로써 특징짓고 있다.

> 칸트는 나에게는 철학자일 뿐이며 철학자로 남아 있을 뿐이다.
> … 니체는 나에게 있어서는 허무주의와 그것을 통해서 오는 임무
> 의 숭고한 계시로서의 무게를 비로소 느지막하게나마 획득했다.
>
> • KB, 360

니체의 시대 진단에서 야스퍼스는 장차 자신에 의해 성숙될 실존철학의 맹아를 발견할 수 있었다. 니체의 영향 아래서 야스퍼스는 새로운 사유의 조류를 감지하고, 1931년에 나온 『현대의 정신적 상황』에서 그것을 다음과 같이 정의하고 있다.

> 실존철학은 모든 전문지식을 이용하기는 하지만, 그것을 넘어
> 서는 사유이다. 이러한 사유에 의하여 인간은 자기 자신이 될 수
> 있다. 이러한 사유는 대상들을 인식하지 않고 그렇게 사유하는 것
> 의 존재를 하나의 사유 가운데서 밝히고 얻어 낸다. • GSZ, 161

만일 우리가 야스퍼스의 관점에 서서 왜 니체가 실존적인 사상가이면서 인간 실존의 철학자인가에 대한 이유를 제시하고자 한다면 우리는 니체와 야스퍼스 사상의 공통점을 제시해야 할 것이다. 쿠르트 잘라문 교수가 이러한 공통점을 명료하게 제시하고 있는데 그것을 여기서 밝히면 다음과 같다(KF, 16-20).

첫째, 니체는 철학함에 있어 객관적이고 과학적인 사유를 최종적으로 나타내는 것이 아니라 개인적으로 진력하고 있다. 이러한 사유는 병, 치유, 고독, 우정 등에 대한 체험이 받아들여지는 것과 같은 개인적 삶의 경험과 감정적 근본 기분에서의 집중적 자기반성의 과정에 의존하고 있다.

이와 마찬가지로 야스퍼스도 역시 개인적인 삶의 경험들, 즉 난치병으로 알려진 천식, 행복한 결혼 생활, 나치의 테러 시스템하에서의 불안과 공포의 체험이 철학함에 직접 영향을 미쳤다. 이것은 인간의 삶의 한계상황 개념, 그리고 인간들 상호 간의 의사소통 개념에 적용된다. 뿐만 아니라 이것은 전체주의에 대한 비판과 세계평화라는 목표 설정에도 적용된다. 이 모든 것들은 만년의 그의 정치적 저작물에서, 특히 『원자폭탄과 인류의 장래Die Atombombe und die Zukunft des Menschen』에서도 찾아볼 수 있다.

둘째, 야스퍼스는 철학자들이란 세계를 움직이는 자이면서 세계를 형성하는 자라고 생각한다. 철학자들은 세계를 조정한다. 철학자들은 규범으로서 가치 목록을 세운다.

니체는 『선악의 저편Jenseits von Gut und Böse』에서 "본래적 철학자는 명령하는 자이면서 입법자다"라고 말한다. 특히 "회의론과 허무주의 Skeptizismus und Nihilismus"라는 장에서는 가치평가와 가치목록조차도 마찬가지로 야스퍼스의 사유가 그 당시 얼마나 (니체와) 밀접하게 결부되어 있는가를 명료하게 나타내고 있다.

셋째, 니체는 자기보존 본능, 힘의 팽창에로의 열망과 같은 인간 현존의 비합리적 차원 그리고 『즐거운 학문』 이후부터는 힘에의 의지와 같은 충동적인 삶의 본능을 전면에 내세운다.

오성, 이성, 합리성, 과학은 기본적인 비합리적 근본 동력으로부터 파생된 현상들로서 인식된다. 이러한 것들은 우리들이 힘에의 의지 개념을 통일적인 형이상학적 근본 원리로 이해하는 것과는 무관하다. 따라서 니체는 오성의 능력과 이성의 능력의 절대화를 강력하게 거부한다. 이러한 능력의 절대화는 합리주의적 관념론적 철학에서 항상 다시금 만나게 되고, 인간의 형상이 거기에서는 합리성의 차원에로 축소된다는 결론에 이른다.

넷째, 니체는 개성의 가치, 즉 개인의 자기존재의 가치를 나중에 강조했다.

니체는 (a) 합리성의 평준화 경향에 반대했다.

　　　(b) 근대사회에 있어 대중인간에의 경향, 즉 축군인간畜群人間 에의 경향에 반대했다.

　　　(C) 군서동물적群棲動物的 도덕과 노예도덕에 반대했다.

기독교와 유대교는 수세기 동안 감성 적대적 금욕에의 이상으로써 선전했다. 군서동물적 도덕 및 노예도덕을 금욕적 이상으로 삼는 것과는 달리 실존적 인간으로서 개인의 가치는 니체에 의하여 자유정신을 실현함에 있어서, 즉 『즐거운 학문』의 4권에 나와 있는 다음과 같은 잠언(335)에 있어서와 마찬가지로 그의 위버멘쉬 이념에서 강조되고 있다.

> 우리는 현재의 우리 자신이 되고자 한다! 새롭고 일회적이고 비교 불가능하고, 자기 스스로 입법자이고, 자기 스스로를 창조하는 인간이 되고자 한다.　　　　　　　　　　· KSA 3 FW, 563

그와 동시에 니체는 야스퍼스의 관점에 의하면 그 자신이 가능 실존의 개념을 통하여 의식에서 촉진하고자 노력하는 인간 실존을 대체할 수 없는 일회적 개성의 차원을 지시하고 있다. 야스퍼스는 또한 영원회귀 사상을, 특히 니체가 『차라투스트라는 이렇게 말했다Also Sprach Zarathustra』에서 분명히 말하고 있는 바와 같이 실존적 경험의 표현 수단으로서 해석하고 있다. 이 사상은 야스퍼스가 그의 니체 연구 저서에서 확인하고 있는 바와 같이 "내가 최고 가능성에 도달할 정도로 나의 삶과 행동을 극도로 긴장시키고 있다".

다섯째, 니체는 철학에 대한 자신의 견해를 조각 글 잠언 형식으로 전달하려고는 하지만, 논리적으로 엄격하게 전개된 철학적 체계의 형식으로는 전달하려고 하지 않는다. 그의 이러한 철학적 방법, 이것은 야스퍼스 자신이 실존철학의 적합한 표현 형식으로서 간주하는 것과 포괄적으로 일치하고 있다. 만일 인간 실존의 비합리적 차원, 즉 본래적 자기존재, 실존, 실존적 상호 소통 또는 초월자와의 관계를 문제 삼을 경우 과학적으로 객관화한 합리적 사유는 이 비합리적 차원과는 사실상 거리를 둔 그 사유의 표현 형식으로서는 난파할 수밖에 없다. 인간 실존의 이러한 경험을 넘어선 비합리적 차원과 관련한 일은 새로운 사유 방법의 발전을 필요로 한다. 야스퍼스는 이러한 새로운 철학적 방법을 "부동浮動하는 사유schwebendes Denken", "초월적 사유transzendierendes Denken" 또는 "실존적 사유existenzerhellendes Denken"라고 표현한다.

이러한 사유 형식은 객관화한 확정적 대상에 고정되지 않고 경우에 따라서는 대상적으로 객관화한 존재를 뛰어넘어 더 이상 객관화할 수 없는 본래적 실존의 차원으로 초월한다. 철학적 사유와 언명들은 본래적 존재를 정확하고 객관적으로 표현하지 않고 단순히 이러한 존재의 "지시자Zeiger" 또는 '암호들Chiffren'에 불과하다. 그것들은 의식의 내용으로서 존재를 직접 표현하지 않는 간접적 전달의 형식에 불과하다. 이와 동시에 철학적 사유와 언명은 그때마다 자기 자신의 가능 실존을 (삶을 실현시키는 가운데) 현실화시키려고 하는 모든 개인들에 있어서의 호소이다. 야스퍼스에게 있어 니체의 철학함의 방법은 이같이 초월하고 호소하는 사유의 특성을 가지고 있다. 이러한 니체 해석의 기초는 철학적 체계들과 그것들이 가지는 강제성에 반대하는 적대적인 언성言聲들에만 있는 것이 아니다. 즉 다양한 문체 형식으로써 실험하는 것에만 있는 것이 아니다. 그것은 미래의 철학을 위한 실험에 있기도 하다. 미래의 철학이란 항상 실험함과 하나의 시도함의 특성을 가지지 않을 수 없다.

야스퍼스는 니체의 철학함은 왜 특별한 실존적 사유 또는 실존 철학의 길을 나타내는가 하는 보다 깊은 이유들을 강조하고자 시도한다. 그러므로 야스퍼스는 『니체』의 머리말에서 다음과 같이 쓰고 있다.

> 니체를 올바르게 이해하기 위해서 필요한 것은 잘못 강독함으로써 생기는 결과와는 정반대되는 것이다. 즉 동요 없는 궁극적인 진리로서의 결정적인 주장을 받아들이는 것이 우리를 니체에게 인도하지는 않는다. 오히려 필요한 것은 물음을 계속하는 것, 다른 것, 대립하는 것에 귀를 기울이고 여러 가능성 사이에서 긴장을 유지하는 긴 호흡이다. 니체를 깊은 의미에서 자기의 것으로 할 수 있기 위해서는 진리를 궁극적으로 확정적인 진리로 소유하려는 진리에의 의지가 아니라, 심연에서 나와서 심연으로 들어가고자 하며 의심스러운 것에 스스로 맞서서 어떤 것에 대해서도 폐쇄되어 있지 않으며 기다릴 수 있는 진리에의 의지이다.
>
> • 니체-생애, 16

야스퍼스는 니체 철학의 지양 불가능止揚不可能한 애매성과 다의성에 관해서 그리고 그 가운데 생긴 필연적인 모순들에 관해서 되풀이해서 말하고 있다. 이러한 맥락에서 볼 때 야스퍼스가 방법적인 사유의 동기를 어느 정도로 니체에 투영하고 있는가가 여기서 문제 제기된다. 야스퍼스는 우리가 실존적 철학함 속에 필연적 모순들을 가지고 들어올 수밖에 없다는 인상을 『이성과 실존Vernunft und Existenz』 에서 일깨우고 있다.

여섯째, 야스퍼스의 관점에서 본 니체의 철학은, 가령 우리가 니체의 철학을 인간의 창조에 관한 객관적 지知의 단순한 중개로서가 아니고, 예를 들면 철학적 인간학 또는 형이상학으로서 이해하지 않고, 실존적 자기화의 과정에 있어, 즉 내적 행동의 과정에 있어 니체의 철학과 논쟁하고자 할 경우에 적절하게 이해될 수 있는 것이다.

소크라테스가 어떤 내용에 관한 가르침도 주고자 하지 않고, 간접적인 방법으로 대화의 상대자에게 자기사유와 자기생성을 유발시키고자 했으며, 이 방식으로 철학적 교육자로서 영향을 미치고자 한 것처럼 야스퍼스는 니체를 철학적 교육자로 간주한다. 『니체』의 마지막 장의 "철학적 교육자"라는 제목을 붙인 한 절에서 야스퍼스는 『교육자로서의 쇼펜하우어Schopenhauer als Erzieher』라는 니체의 저서를 시사하고 있다.

> 철학자들은 우리가 철학함을 확인하는 근원에로 나아감으로 해서 그들의 유일하며 대체할 수 없는 가치를 가진다. 왜냐하면 자기생성은 —그것이 사유에 있어, 그와 동시에 내적 행위에 있어, 자신에 대한 작용으로서 그리고 자기생산으로서 수행되는 한— 곧바로 깊은 통찰을 통한 비약에서 일어나는 것이 아니고, 사람들과 함께 걸어가는 가운데 일어났고 사유하는 가운데 나타났다. 존재

가능의 전체 범위 내에서 이것을 근원과 인간의 한계에서 야기시
킬 수 있었던 최후의 철학자는 니체이다.　　　　　　• N, 453

야스퍼스에게 있어 사유의 동기는 니체에게 영향을 받은 것 같
다. 예컨대 예외자의 사상, 역사성의 개념, 다원론 이상 ―다원론 이
상은 야스퍼스에게 있어서, 특히 그의 포괄자론과 그의 이성 이해에
있어 표현되고 있다― 그리고 또한 야스퍼스의 사유에 있어 엘리트
특유의 특성 등이 니체의 영향을 받았던 것 같다.

3

미래의 철학을 가능하게 하는 상설 방향지시기로서 니체

야스퍼스는 『이성과 실존』에서 니체가 현대의 철학적 상황이 가
지는 의미를 끊임없이 증대시키고 있다고 확인한다. 왜냐하면 "니
체로 말미암아 서양의 철학적 사유에는 충격이 일어났고, 이 충격의
궁극적인 의미는 아직 평가될 수 없기 때문이다"(VE, 13). 그들에게
있어 지식의 근본 개념은 새로운 것으로 간주된다.

그들에게 있어 본래적인 지식은 해석에 불과하다.　　　• VE, 14

현존은 무한한 해석으로써 가능할 수 있다. 니체는 그의 사유로써 실존의 깊이로부터 이성을 의심했다.

단순한 이성에 대한 일관된 저항이 높은 수준으로 사실상 실현될 사유 가능성은 철저하게 수행된 적이 한번도 없었다.　• VE, 15

니체는 자기 행위의 본래적인 의미를 전혀 모르고, 자기 자신을 알지도 못하며 궁극에 가서는 무의미해질 지식을 갖고 존재 자체를 파악했다고 생각하는 학자의 유형을 끈질기게 자세히 분석한다. 니체는 시대의 역사적인 사실을 "신神은 죽었다"라는 하나의 말로써 이해하고 있다. 손상만을 알리지 않는 무신론에 있어서는 맨 먼저 근본적인 자기반성으로서 확정되는, 근본적으로 빠져드는 반성에의 커다란 기회가 숨어 있다. 자기반성은 진리의 길로서 간주된다. 니체는 다음과 같은 말을 인용하고 있다.

백 개의 거울 사이에서 너는 너 자신을 모른다. … 자기 새끼로 자기의 목을 졸라매는 자기를 아는 자여 … 두 개의 무 사이에서 짓이겨지는 하나의 의문 부호(8, 422; 424)….

야스퍼스의 시각에서 볼 때 니체는 초월적 근거 없이는 견뎌 낼 수 없는 길을 가고 있는 것이다. 야스퍼스는 다음과 같이 말하고 있다.

전부냐 아니면 무냐 하는 것이 문제였던 이들은 과감하게 한계를 허물어 버린다. 그러나 이러한 일이 가능한 것은 오직 그들이 시초부터 그들에게 이미 숨겨져 있던 것에 기초를 두고 있기 때문이다. 곧 그들은 청년 시절에 "미지의 신神"에 대해 말하고 있다.

• VE, 24f

니체는 20세가 되면서 시詩를 쓰고 있다. 이 시詩는 근본적인 근거에의 깊은 동경과 관계하고 있다.

미지의 신神에게

먼 발길 나서기 전에,

눈길 멀리 보내기 전에,

다시 한번 나 외로워 두 손길 들어 그대에게 빈다.

그대에게 달려가,

깊고 깊은 마음속에 그대를 위한 제단을 마련하리.

언제나,

그대의 목소리가 나를 부르도록,

미지의 신神에게 바치는 헌사.

저기 제단에 깊이 새겨져 있다.

나는 미지의 신神의 것.

내 비록 독신자瀆神者의 무리 속에,

이 시간까지 머물러 있었을지라도,

나는 미지의 것─ 나를 투쟁 속으로,

끌어당기는 얽어맴을 느꼈다.

아무리 도망간다고 해도,

어쩔 수 없이 그를 섬기도록 강제하는 얽어맴.

그대를 알고자 한다. 미지자여,

그대 내 영혼 속에 깊숙이 파고든 자.

그대 내 생명을 휘몰아치는 폭풍처럼 정처 없이,

떠돌아다니게 하는 자.

옛 신神은 무너졌다. 그러나 새로운 신神은 보이지 않고 있다. 미지의 신神은 알려지지 않은 채 있다. 그때 니체는 영원회귀의 사상을 사유할 수 있었다. 니체는 영원회귀와 위버멘쉬를 따른다.

니체의 사유는 독자로 하여금 내적 행동으로서 텍스트를 수용하도록 이끈다. 비록 니체의 진지함과 무제약성이 억제된 척도라고 하더라도 우리는 야스퍼스가 다양하게 기술하고 있는 철학적 상황의 근거에서 그를 따라갈 수 없다. 그것은 무제한한 상호 소통에의 의지에서 특징지어진다. 이러한 상호 소통 없이는 장차 진정한 철학함은 일어나지 않는다. 상호 소통의 철학함은 상호 소통의 부재와 대립한다. 그러나 니체의 자극 없이는 상호 소통의 철학은 단순한 소원으로 머문다. 왜냐하면 니체는 미래의 모든 철학을 가능하게 하는 상설 방향지시기der Ständiger Richtweiser이기 때문이다. 니체가 자기 쪽으로 초월자에의 비약을 실행하는 곳에서는 물론 아무도 그를 따를 수 없다. 다시 말해서 위버멘쉬의 사상과 마찬가지로 영원 회귀 사상을 수용함으로써 현존이 변화되는 것이 문제되는 곳으로는 아무도 그를 따를 수 없다.

야스퍼스는 이렇게 실험적 사상가로서 니체에 대한 개요를 총괄하고 있다.

4

니체의 amor fati(운명애)에서 야스퍼스가 발견한 삶에의 긍정적 의지

기독교에 대한 니체의 파괴는 모든 다양한 가치들의 전복에 대한 암시를 전달하고 있다. 이것은 모든 가치들의 보증인으로서 신神의 죽음이 선행했기 때문에 일어났다. 기독교적 신앙의 소멸·실종은 현대의 파국의 원인이다. 신神에 대한 부정은 중대하고 있다. 신神을 신앙한다고 말하는 사람들에게 있어서도 역시 불명료함이 있다. "이와 같은 해체가 일어났다는 것은 적어도 있을 법한 일이다"(CT, 40). 그것은 우리 시대의 광경이다(Ebenda). 야스퍼스는 니체에게 있어 신神의 죽음이 얼마나 무서운 사실이며, 신神 부정에의 단호한 의지가 얼마나 강력한가를 알고 있다. 세계의 가치가 신神에로 옮겨지고 그와 동시에 인간으로서 인간을 위축시킴으로써 신神에 대한 신앙이 세계의 가치를 더럽히기 때문에 차라투스트라는 다음과 같이 말한다.

> 신神이란 하나의 억측에 불과하다. 나는 이 억측이 너희들의 창
> 조적 의지를 능가하지 않기를 바란다.   • KSA 4 Z, 109

인간의 작품이면서 인간의 광기로서 신神은 충만과 발전 가능성에 있는 인간의 현존에 대한 커다란 항변이다.

야스퍼스는 니체를 자신의 시계視界에서 비판한다. 자신의 시각에서 초월자는 확정적으로 파악할 수 없지만, 인간의 현존을 구성하기 때문에 극도로 중요한 의미에서 구성적이다.

초월자는 인간의 자유에 근거하지 않고, 또한 인식의 대상이 될수 없다. 니체는 봉사하는 초월자의 타당한 언어가 암호에 있다고 오해하고 있다. "신神 자체는 암호다"(CT, 50).

> 초월자는 인식의 대상이 아니며 또 내가 자유에 근거하여 어떤
> 가능적 수련이나 번잡한 형식을 가지고도 인식의 대상으로 만들
> 수는 없다. 그럼에도 인간으로서 우리는 결코 대상이 되지 않는 것
> 을, 삶을 인도할 수 있고 또 실제로 인도하는 것을 수단으로 삼는
> 다. 아마도 우리가 그것을 언어로 나타내는 것을 알지 못할 경우에
> 도 말이다. 왜냐하면 그것이 언어 속에 있기 때문이다. 우리는 이

러한 초월자의 언어를 암호라고 부른다. 신神은 이러한 의미에서
하나의 암호이다.   • Ebenda

우리는 초월자의 비밀을 개념적으로 파악하고, 이런 의미에서 초
월자를 인식한다는 것은 불가능하다.

니체가 의미하는 존재는 힘에의 의지이다. 역시 생기하는 것, 그
것은 항상 힘에의 의지의 일정한 양식으로서 파악된다. 힘에의 의
지는 무한한 현상 형식에 있어 모든 생성과 소멸의 유일한 원동력으
로서 나타난다. 삶이라는 존재는 하나의 의미를 가진다. 이러한 의
미는 위버멘쉬Übermensch를 뜻한다. 존재에 관해서는, 즉 최상급의 철
학적 테마에 관해서는 영원회귀와 힘에의 의지라는 징후 아래서 말
해야 한다. 존재의 의미에 대한 물음은 위버멘쉬를 시사하는 가운
데 그 해답을 받아들인다. 야스퍼스에게 있어 니체의 이와 같은 사
유의 실현은 단순히 비약으로서만 일어난다. 그것은 결코 진정하고
근본이 되는 초월자에로 나아가지 않고 순수한 내적 세계에 머무른
다. 니체의 비약은 모든 개별적인 것을 넘어서 내재적 현존의 전체
대상에로의 초월함을 나타내 보인다. 그러나 그것은 실존의 자기존
재로부터 진리 속의 초월자에로의 초월함은 아니다.

  예컨대 환상적인 인간 창조물(위버멘쉬를 가리킨다)은 초월자를
  대신하고 있다. 위버멘쉬는 세계 내에서의 계획들에 의한 양육의
  이상이 되고 있다. 위버멘쉬는 인간 창조의 영역에 있다는 점에서

신神의 윗자리에 있다.   • N, 429

그러나 인간들은 본래적으로 이와 같은 신성神性을 창조할 수 없다. 니체가 끼워 넣고 있는 목표는 그의 무의미함 속에서 드러나고 있다. 우리가 니체를 비난하지 않을 수 없는 것은 그의 공허한 입장 때문이다. 니체는 공허한 입장으로써 세계 내에 머무르고 동시에 세계 내에서 알 수 있는 것을 포기하고 있다.

위버멘쉬, 힘에의 의지, 삶, 영원회귀는 … 긍정적인 것으로 언표되고 있다.   • N, 441

다음과 같은 인용문은 야스퍼스가 니체에 대해 보인 비판적 태도에 근거해서 볼 때 이해할 수 있다.

결정적인 부분에서 송시頌詩와 같은 것이 니체의 독자를 엄습한다는 것이, 종결 부분이 말로 표현되지 않는 상징에 있어 그의 독자를 실망시킨다는 것, 그리고 공허한 생성, 공허한 만남, 공허한 창조, 공허한 미래가 무언의 최종적인 말인 것같이 생각된다는 것은 결코 부정될 수 없다.   • N, 431

니체는 이로써 허무주의가 완전히 지배하는 세속화 시대에 있어 전파된 송시를 말살할 수 없다(Ebenda). 그의 주요 정률定律은 독자의 가슴속에 송시에 대한 숙명적인 감정을 새로이 남기고 있다.

야스퍼스 역시 자신은 물론 그의 판단에 있어서도 부유浮遊 속에 머무르고 있다. 곳곳에서 경탄이 나오고 있다.

야스퍼스에 따르면 니체는 "근대적 사유의 문턱에 서 있다"(NB, 59). 그러므로 어떤 사람도 그를 비켜나갈 수 없다. 철학함이 의미하는 바에 따르면 자신의 현존에 있어서의 무제한 성실을 음미하고 그와 동시에 본래적인 자기존재를 의식한다는 것을 우리는 긍정적으로 이해하고자 한다.

> 니체가 앞서 나아가서 실행한 진지한 총체적인 자기전념은 초
> 월자를 거부함에도 불구하고 초월자를 통해서 빨아들인 의도하지
> 않는 깊은 비유 및 모범과 같은 것이다.   • N, 460

동시에 그 반대도 강조되지 않을 수 없다. 총체적인 파괴의 의도로 꿰뚫고 들어오는 초월자는 사유를 통해서 덮치려는 모든 시도를 벗어나서 미끄러져, 떨어져 간다. 야스퍼스에게 있어 번쩍거리며 빛나는 길은 다음과 같은 문장 속에서 발견된다.

> 실존이 의심할 수 없는 초월자와 접촉하는 곳에서 철학적 신앙
> 이 생긴다.   • CT, 50

야스퍼스는 니체가 무신론에 대한 경계 설정과 비판적 항의로 인

해 정당하게 평가받지 못한다는 것을 알고 있다. 신神의 죽음에 대한 확인은 니체에 있어 가장 깊은 감동의 정직한 징표를 담지하고 있다. 니체의 무신無神은 믿을 수 없고 부정직한 ―기독교적이라고 일컬어지는― 경건에 대한 비판에서 생장하고 있다. 니체가 위대한 부정직 인간이고자 하는 곳에서 그의 의욕은 열정과 희생으로부터 유익하게 일어난다.

니체 자신은 새로운 것을 목표로, 미지의 것을 목표로 탐색하는 것을 향해서 비로소 초월한다. 그의 초월함은 강함과 약함, 두 유형의 허무주의를 구분하는 허무주의에 대한 그의 이해에서 드러난다. 그는 자신을 강함의 허무주의에 귀속시키고 있고, 그리고 자신을 또한 초월한 인간으로 이해한다. 허무주의는 그에게 있어서는 약함의 허무주의자들에게 최후의 말일 수 있는 사멸死滅이 아니다.

허무주의는 오히려 존재하는 모든 것에 대한 강한 긍정과 결부되어 있다. 긍정에의 의지는 영원회귀와 운명애 사상에서 그 절정에 이른다.

최종적인 무를 지향하는 부정의 지도자 대신에 니체의 사유는 최종적인 긍정을 지향하는 무수한 긍정의 지도자에게로 인도한다.

• N, 445

제2장

니체 철학에 대한 해석의
전형적인 방법

frenemy

　니체의 철학 사상에 접근하는 방법 및 니체의 철학 사상을 지향하는 근본적인 태도에 있어서 야스퍼스가 보여 주고 있는 그 모든 것은 다른 어떤 니체 전문 연구자들보다 아주 유익하다. 왜냐하면 야스퍼스가 니체 연구 저서인 『니체 —그의 철학함의 이해를 위한 입문』의 '머리말'에서 거의 20여 쪽을 이러한 문제들에 할애하고 있기 때문이다. 야스퍼스는 니체의 사상에 접근함에 있어 단일한 방식은 적절하지 않다고 강조한다. 야스퍼스가 말하는 니체에 대한 적절한 해석은 니체의 작품 전집, 각종 간행물, 서한, 유고에 수록된 어떤 글이든 그것들을 지나치게 강조하지 않는 가운데 검토한 것에 근거하지 않으면 안 된다. 야스퍼스는 니체의 전달 형식들 가운데 그 어떤 것도 특별한 성격을 가진다고는 할 수 없다는 사실을 인식해야 한다고 주장한다.

　야스퍼스의 주장에 따르면 지금까지 학술적으로 이루어진 니체 해석은 대부분 기본적인 오류를 범하고 있다고 주장한다.

지금까지의 니체 해석은 현존과 인간의 가능성이 이미 알려져
있는 것처럼 니체를 정리하고 있다. 이렇게 함으로써 지금까지의
기존 해석은 니체를 전체로서 포괄하고 있다. 특히 니체를 시인이
면서 문필가로 찬양하는 것은 니체를 진정한 철학자로 수용하지
않는 대가를 치른다는 의미에서 오류를 범하고 있다.

• 니체-생애, 12

이러한 근거에서 본다면 야스퍼스는 니체를 시인이면서 소크라
테스 이전 시대의 문화인 또는 예언자의 범주 속에 포함시키고자 하
는 해석을 반대한다. 그렇다고 해서 니체를 지금까지의 철학자들
중의 한 사람으로 받아들여서 그들의 척도에서 평가하더라도 그것
역시 그릇된 해석일 수밖에 없다. 이러한 니체 해석과는 반대로 본
래적 의미에서의 해석은 하나의 표제 아래 포괄하는 것이 아니라 몰
입하는 것이다.

본래적인 해석은 모든 것을 결정적으로 아는 것이 아니라 그때
그때 파악된 것에 대해 알고, 묻고, 대답하면서 전진하는 것이다.
이러한 해석에 의해 니체를 자기화하는 과정이 전진한다. 참다운
해석은 자기발견의 가능성을 위한 매개물이다.   • Ebenda

니체에 대한 그릇된 해석 중에서 해석 자체를 확대하지 않고 자
기 한계 속에 가두어 둔다면 정당하지만 그릇된 해석을 절대화하면

다음과 같은 오류의 방법이 생긴다고 야스퍼스는 강조한다(Ebenda).

첫째, 니체의 개별적인 이론을 고립시키고 체계화시켜 그것을 독자적 업적으로 제시하게 된다. 그렇게 되면 체계를 통일하는 주요 사상은 힘에의 의지에서 나타나게 되지만, 이 경우 니체의 신비적인 비약과 영원회귀설은 배제되기 마련이다. 이러한 방법은 니체의 사유에 관련된 어떤 것을 보여 주기는 하지만, 그의 사유 자체를 전체적으로 제시하지는 못한다.

둘째, 어떤 사람은 니체의 사람됨을 형상화하며, 그것을 하나의 운명으로 간주하여 미학적으로 관조한다. 어떤 사람은 매혹적인 개인의 주체성을, 즉 고독에 빠진 천재적인 영혼의 숙명을 본다. 다른 어떤 사람은 니체에게서 객관적인 운명을 본다. 이 운명은 두 시대의 전환기의 참된 인간에게서 생기지 않을 수 없다.

이 시점에서 기존의 모든 것은 이미 공허하며, 장차 도래할 것은 아직 현실적인 것이 되지 못한다. 니체는 위기가 된다. 이 위기는 니체에게 있어 인간의 형태로 형상화된다. 이 인간의 형태는 현재 무엇이 존재하며 무엇이 도래할지를 예리하게 알려 주지만, 시대의 상황 때문에 붕괴될 수밖에 없다. 전자는 심리학적 관심을 가지며, 후자는 마치 해석하는 사람 자신이 인류사 안에서 니체가 서 있는 장소를 보는 것처럼 처신한다. 이 양자가 자신들의 해석이 니체를 제대로 파악한 것이라고 생각한다면 그들은 어느 쪽이나 장대한 건축물의 정면 현관에 압도되어서 니체를 통한 참다운 자기발견의 기회를 잃어버리게 될 것이라고 야스퍼스는 주장한다(니체-생애, 13). 야스퍼스의 다음과 같은 말은 이 모든 것을 적절하게 요약해 주는 것 같다.

> 니체를 진정으로 자기화하려는 이러한 단초를 발견하는 것은 진실로 어려운 일이다. 니체를 자기화함에 있어 니체는 근원과 한계가 문제시되는 지점에 서 있다. 여기서는 사상과 상징이, 즉 변증법적인 체계와 시가 하나의 모습으로 표현된다. 니체는 자신의 전체를 모험에 걸었기 때문에 자기의 존재 파악과 자기이해를 참답게 그리고 본질적으로 전달할 수 있는 인간이 됨 직한 것 같다.
>
> • 니체-생애, 14

제3장

니체를 어떻게 읽어야 할까?

frenemy

야스퍼스에 따르면 대부분의 철학자들의 경우 우려되는 것은 우리들이 그들을 직접 읽지 않고 그들에 관한 책을 읽는 것임에 반하여 니체는 너무 쉽사리 읽을 수 있는 것처럼 보이므로 니체 자신을 잘못 읽을 위험이 오히려 크다는 점이다.

야스퍼스에 의하면 누군가가 우리에게 니체의 작품 여기저기를 읽고서 감동을 맛보거나 자신에게 흥미로운 점만을 파악해도 좋다고 충고할 경우 그 충고는 니체에게로 향하는 길을 전적으로 그르치게 된다.

> 가장 좋지 못한 독자란 약탈하는 병사들처럼 행동하는 자들이다. 그들은 그들이 사용할 수 있는 것들을 취함으로써 나머지를 더럽히고 혼란시키며 전체를 모독한다(3, 75).

이와 반대로 만일 우리가 전체를 파악하기 위해 상당한 분량이나 전부를 급히 읽어야 한다고 생각한다면 그것 또한 잘못이라고 야스퍼스는 주장한다. 야스퍼스에 의하면 니체는 천천히 읽는 것을 가르치는 스승이다.

> 현재 나의 취미는 '서두르는' 모든 종류의 인간이 절망에 빠지지 않도록 더 이상 아무것도 쓰지 않는 것이다. … 문헌학은 훌륭히 읽는 것을 가르친다. 다시 말해서 그것은 앞뒤로 깊이 주의를 기울이며, 마음의 바닥에서 마음의 문을 열고 섬세한 손가락과 함께 눈으로 읽는 것을 가르친다(4, 9-10).

야스퍼스에 의하면 독자는 이와 같은 '언어의 금세공술 Goldschmiedkunst'과 정통한 지식을 연마하는 것만으로는 아직 불충분하고, 오히려 단어와 문장과 주장을 통해 사상의 근원 상태에 도달하여 본래적인 충동을 몸으로 체험해야 한다(니체-생애, 15). 야스퍼스는 니체 연구가 근원에 접촉하는 것이 가능해졌을 때에만 의미를 가질 수 있다고 주장한다(Ebenda). 이러한 주장은 야스퍼스의 해석 방법이 니체의 사상에 대한 방법적인 검토로서 이해된다는 주요한 실마리를 준다. 야스퍼스는 니체 자신이 주장하고 있는 바와 같이 어떤 해석이든 읽기뿐만 아니라 니체에 따라 숙고하는, 즉 작품들에 대한 신중한 독해에 기초하지 않으면 안 된다고 주장한다.

야스퍼스에 의하면 니체를 올바르게 이해하기 위해서 필요한 것은 니체 작품을 정독함으로써 생기는 결과와는 정반대된다는 것이다. 다시 말해서 흔들리지 않는 절대적 진리라는 결정적인 주장을 수용하는 것이 우리를 니체에게로 인도하지는 않는다는 것이다. 오히려 우리에게 필요한 것이 있다면 그것은 우리가 계속 물음을 묻고 대립된 것에 귀를 기울이고 여러 가능성들 사이에서 긴장을 유지하는 일이다.

『니체』 연구서 가운데 '해석의 원리Grundsätze der Interpretation'에서 야스퍼스는 니체의 철학 사상에 대한 궁극적인 해석은 있을 수 없다고 주장한다(N, 16). 그는 오히려 참된 해석의 과정적 성격을 강조한다. 그는 해석의 방법론을 근본적으로 본질적인 물음의 계획으로서 생각한다. 이 물음은, 비록 우리가 이 물음들에 최종적으로 답할 수 없다고 하더라도, 니체의 사상에 대한 이해를 위한 입문이 된다.

그러므로 야스퍼스는 니체의 철학 사상을 해석하면서 연구하기 위해서는 하나의 사태에 속하는 일체의 표현들을 항상 총괄적으로 파악하는 것이 필요하다고 강조한다. 이러한 총괄적 파악 과정에서 다음과 같은 것이 결정적으로 나타난다(니체-생애, 17).

첫째, 모든 진술이 다른 진술에 의해 지양止揚되는 것처럼 보인다. 자기모순은 니체의 철학 사상의 특징이다. 우리는 거의 언제나 니체의 어떤 판단에 대해서도 정반대의 판단을 또한 발견할 수 있다. 겉으로 보면 그는 모든 것에 관해서 두 가지 의견을 가지고 있는 것 같이 생각된다. 따라서 우리는 바로 우리가 원하는 것을 니체로부터 마음껏 인용할 수 있다. 어느 편에 있는 사람일지라도 때에 따라서 니체에게 의존할 수 있다. 그 때문에 많은 사람들은 다음과 같이 추론한다.

"니체는 혼란에 싸여 있으므로 아무런 진지함도 없고 임의적인 생각에 자신을 맡기고 있다. 그러므로 이와 같은 맥락 없는 지껄임을 중요하게 여기는 것은 아무런 가치도 없다"(Ebenda).

그러나 야스퍼스는 모순에는 중요한 의의가 있다고 말한다.

> 여하튼 해석의 과제는 모든 형태에서 모순을 찾아내는 것이며 모순을 발견하지 않은 어떤 경우에서도 결코 만족하지 않는 것이며, 그리고 난 다음 아마도 이 모순을 필연성에서 경험하는 것이다. 우리는 그때그때 모순에 부딪혀 당황하는 대신에 오히려 모순성의 근원을 탐구해야 할 것이다.　　　　　• Ebenda

이러한 모순이 실제로 니체의 철학 사상의 핵심에 있는지 어떤지 그리고 단순히 피상적 또는 명백한 모순인지 아닌지에 관한 의문은 여전히 남는다. "자기모순이 니체의 철학 사상의 근본적인 구성요소이다"라는 야스퍼스의 입장은 몇 가지 곤란한 문제점을 포함하고 있다고 말할 수 있다. 이것은 물론 니체의 사상에는 본래적인 모순들이란 없다는 것을 말하는 것이 아니다. 이들 모순 가운데 약간의 것은 사실 니체 철학의 전개에 있어 중요한 역할을 한다는 것이다.

둘째, 무한한 반복이 나타난다. 니체가 한 번이라도 기술한 모든 것은 그의 사상의 전체적 파악을 위해서 모두 인쇄되었기 때문에 반복은 당연한 것이다. 그의 근본 사상은 하나하나의 명제에서 자칫 고정화되고 진부하게 될 위험이 있다. 그러나 니체에 있어 이 반복은 그 위험으로부터 그의 사상을 구출하게 되는 다양한 변용이 수반되어 있다. 그런데 문제는 많은 인용문이 하나의 주제 아래 포괄되는 것은 어떤 경우이며 그와 반대로 단지 한 번만 나타나지만, 중요성을 가지는 것은 어떤 경우인가 하는 것이다. 반복에 의한 명확한 지식에 의해서 그러한 일회적인 명제의 판별이 가능해진다.

셋째, 야스퍼스는 모습을 찾아냄으로써 니체 사상의 "실재적 변증법Die reale dialektik"에 도달할 수 있다고 주장한다. 야스퍼스는 이 변증법을 일종의 "논리적 분석"으로 이해한다(HJN, 5).

> 그러나 변증법적 해명은 더 이상 논리적인 통찰에 의해서 획득되는 것이 아니라, 본래적으로 가능적 실존 공간의 확장과 해명에 의해서 획득된다. 논리적이며 내용적인 연관성을 끈기 있게 추구하지도 않고 자신의 영혼의 활동에 있어서의 풍부한 가능성을 가지지도 못한 자는 니체를 의미심장하게 읽을 수 없다. •Ebenda, 18

야스퍼스는 여기서 자기 자신의 전문적인 의미의 실존이라는 말을 그의 철학의 중핵中核과 밀접하게 관련 있는 일련의 함축적인 의미로 사용한다. 특히 야스퍼스가 이와 같은 개념들을 사용하여 니체를 설명하려고 시도하는 것은 주목할 만하다. 야스퍼스는 니체의 철학이 전체로서 파악될 수 있다고 주장한다(HJN, 6).

> 이 전체는 개념도 아니고, 세계상도 아니고, 체계도 아니고, 본

래적인 진리를 향해 상승하는 존재 추구의 열정이며, 그리고 그 점
에서 지속적으로 극복을 시도하는 가차 없는 비판이다.　　• Ebenda

　　야스퍼스는 이 전체가 무진장이라고 주장한다. 만일 야스퍼스가
존재를 탐구하려는 이 열정이 니체의 사상의 발전에 있어 심리적인
연속성을 제공하는 것임을 의미한다면 이것은 특별히 교육적이지
도 않고, 그것은 니체를 다른 모든 철학자들로부터 구별 짓는 근거
들을 제공하지도 않는다(HJN, 6).
　　다른 한편으로 만일 야스퍼스가 형이상학과 인식론의 입각점으
로부터 전체에 관해서 논의하고 있다면 이 전체가 비록 완전히 일관
된 세계관이 아니라고 하더라도 세계관을 기술하는 일련의 관계있
는 개념들인 것으로 생각해 봄 직하다(Ebenda).

　　　무시간적인 체계 전체의 이념은 모든 사고의 무시간적인 장소
　　를 추구하는 실마리 및 체계 자체를 추구하는 실마리가 된다.
　　　　　　　　　　　　　　　　　　　　　　• 니체-생애, 19

　　넷째, 야스퍼스는 니체의 사상에 대한 어떤 검토도 니체의 삶에
있어서의 사건들과 밀접한 상관관계를 필요로 한다고 주장한다. 니
체 자신은 다음과 같이 말할 때 이 이념을 지지한다.
　　야스퍼스는 사실상 그의 책 가운데 5분의 1을 니체의 삶에 집중
하고 있다. 그는 이 책의 여타 지면에서 니체의 삶과 사상 간의 뒤엉

킨 관계를 인상적인 양식으로 설명하고 있다.

　마지막으로 야스퍼스는 니체의 사상들의 '체계적인 상관관계들'에 대한 연구를 요구한다. 여기서 야스퍼스의 '체계적'이라는 용어 사용은 제한된 의미에서 이해되지 않으면 안 된다. 왜냐하면 궁극적으로 그는 어떤 단일한 절대적인 체계가 니체의 작품들로부터 추론될 수 있다는 관념도 거부하고 있기 때문이다.

　　전체의 통일, 즉 삶과 사상의 통일 및 시간적인 발전과 체계적인 통일은 니체의 연구에 있어 단지 이상에 불과하다. 객관적인 입장에서 확정되고 근거가 정립된 전체를 파악하는 것이 어느 정도 성공할는지는 예측될 수 없다. 이러한 경험적 생활의, 있는 그대로의 현실과 기탄없이 대면하면서 동시에 사상이 산출된 시기로부터 떨어져서 이들 오랜 기간에 걸쳐 추구하는 것은 연구의 도상에서 다 같이 불가피하다. 두 방법 가운데 어느 한 방법도 그것 자체만으로는 무의미하다는 것, 또한 이들 두 방법이 방해받지 않는 일치에 도달할 수 없다는 사실에 의해서 끊임없이 발생하는 새로운 곤란은 니체 연구가 어디까지 진전된다고 해도 끊임없이 밀어닥치는 불안을 낳는다.　　　　　　　　　　　　　　• Ebenda

　야스퍼스는 어떤 적절한 해석도 필연적으로 적절한 서술을 포함한다고 주장한다.

서술은 자기의 사유가 끝남과 더불어 서술되는 것 앞에서 모습을 감추려고 한다. 서술에는 대상을 자기 자신의 철학함의 계기로 이용하는 것이 허락되지 않는다. 서술하는 사유는 끊임없이 타인의 사유에 비쳐진 사유이며, 그 자신의 사유는 단지 이 타인의 사유 속에 존재하는 것을 명확히 하는 데 불과한 노력이다.

• Ebenda, 21

여기서 야스퍼스는 적절함의 강력한 표준을 우리에게 명백히 제공하고 있다. 그것은 야스퍼스 자신에게 역시도 꼭 들어맞아야 할 표준이다(N, 7).

마지막 문제는 해석자와 진리 간의 관계에 속한다. 니체는 본질적으로 애매모호한 진리론을 제공하고 있다.

어떤 점에 있어 진리는 열정에 의존한다. 진리는 지성에 의해서만 파악될 수는 없다. 진리는 감각을 통해서 포착되지 않으면 안 된다. 모든 진리는 생성이며, 그러므로 원근법, 즉 부분적인 진리라고 이해되지 않을 수 없다. 야스퍼스에 의하면 니체를 해석하고자 하는 해석자는 니체의 눈으로써 보고 니체의 열정으로써 니체를 느끼고자 시도하지 않으면 안 된다. 이와 같은 어떤 시도도 물론 궁극적인 의미에 있어 실패한다. 왜냐하면 우리는 우리 자신의 표현과 열정에 국한되어 있기 때문이다. 니체에게 말을 걸고자 하는 어떤 시도도 자기발견뿐만 아니라 니체 발견인 니체와의 실존적인 대화가 된다.

과제는 니체를 자기화하는 가운데 자기가 되는 데 있다. 그의 요구는 외관상 명료한 학설과 법칙을 보편타당한 것으로 이해하려는 유혹에 굴하지 않고 자신의 본질의 가능한 단계를 창출하는 것이다. 단순화한 요구와 명제에 종속하기보다는 참다운 것의 진정한 단순함을 향한 길을 니체를 통해서 발견해야 한다.

• Ebenda, 31

제4장

니체의 삶과 사상 간의 관계

frenemy

　니체의 전기와 관련 있는 특별한 문제들은 많이 있다. 그러나 기존의 전기들은 거의 대부분, 그중에서도 두 가지 중대한 한계에 직면하고 있다(HJN, 14).

　첫째, 대부분의 니체 전기들은 전기 작가들, 예컨대 보임러Bäumler, 에른스트 베르트람Ernst Bertram, 엘리자베트 니체Elisabeth Nietzsche 등은 자신들의 주관적인, 즉 일종의 근본적인 편견을 드러내고 있다.

　둘째, 니체의 전기 작가들마다 자신의 본질적인 원근법에서 자기의 주제에 접근한다. 다른 말로 해서 현재 권위 있는 포괄적인 니체 전기는 없다. 그러나 우리의 목적에 있어 이와 같은 전기는 여기서 우리들의 관심이 복잡한 것이 아니기 때문에 본질적이지 않다. 우리가 논증에 있어 관심을 두어야 하는 것은 단순히 니체의 사상에 대한 이해에 있어 결정적인 일련의 사건과 관심사가 있다는 점이다. 여기 우리의 관심은 단순히 전기적인 것만이 아니다. 즉 그것은 단순히 철학적인 것만이 아니다(Ebenda). 오히려 우리는 전기적인 것과 철학적인 것 간의 실존적 심리적 관계에 관심을 가진다. 정확하게 말해서 우리는 삶의 세계의 표현으로서 니체의 개인적 철학에 관심을 가진다.

　거의 모든 니체 해석자는 니체의 사상을 이해함에 있어 니체의 삶을 특히 중요한 것으로 생각한다. 니체의 삶에 있어서의 사건들이 확실히 니체의 사상에 대해 상당한 의의를 가지며 많은 영향을 미치고 있다는 것은 부인하지 못할 사실이다. 그러나 니체가 이 점에서 유일한 본보기로 간주되어서는 안 된다. 이와 같은 동일한 주장은 플라톤, 데카르트, 아퀴나스, 버클리, 그리고 모든 위대한 사상가들에게도 적용될 수 있다(HJN, 15).

　그러나 니체의 경우 전기는 적어도 다음과 같은 두 가지 중요한 이유 때문에 두드러진 특성을 가진다. 첫 번째 이유는 우리가 다른 거의 모든 위대한 철학자들의 삶에 대해 아는 것보다도 훨씬 더 많이 니체의 삶에 대해 알고 있다는 점이다. 이것은 부분적으로 니체가 많은 사람들에게 곧잘 편지를 써서 보내곤 했다는 사실에서 기인한다. 이러한 편지들에서 니체는 가끔 일련의 사건들과 그가 한순간에 열중한 관념들 간의 직접적인 연계를 마련하고 있다.

　이러한 편지 외에도 그가 뒤에 남긴 다수의 조각 글도 있으며, 니체에 대해 정통하게 알고 있는 사람들의 회고도 있다. 니체에게 미친 영향들에 관한 약간의 실마리를 제공하는 니체 도서관에는 도서 목록들도 있다. 의심할 여지가 없을 정도의 커다란 심리적 의미를 지닌 니체의 삶에는 다소 많은 극적인 사건들과 상황들 또한 있다. 예컨대 바그너Wagner와의 우정 및 결별, 그의 여동생 및 루 살로메Lou Salomé 등과의 관계, 실바플라나Silvaplana 호숫가에서의 영원회귀의 현현, 토리노Torino에서의 정신 붕괴가 극적인 사건들 및 상황에 속한다.

이러한 극적인 사건들 및 상황이 니체의 사상에 비상한 영향을 주었다는 점이 니체의 전기가 두드러진 특성을 가지는 두 번째 이유가 된다. 사실 우리는 이러한 사건들이 니체의 내면에 일련의 심리적 병적 '집착'을 야기했다고 말할 수 있다(HJN, 15). '심리적 집착'이란 정신병리학적 의미에 있어 일종의 정신병리학적 강박관념을 뜻한다. 여기서 말하는 '심리적 집착'은 극단적 관심이면서 니체와 그의 철학에 대한 이해의 측면에서 본다면 어떤 관념에의 결정적인 몰두이다.

니체 자신이 놀라울 정도로 이 심리적 집착을 인지하고 있었다. 더욱이 이러한 집착이 본질적인 방식으로 자신의 철학함의 성격을 조건 지었다는 사실을 이해했다는 것은 심리학자로서 니체의 통찰의 깊이를 말해 주는 증거이다. 프로이트Freud는 니체의 직관적 심리학의 힘에 대해 대단한 경의를 표시했다. 마찬가지로 융Jung도 니체에게서 풍부한 심리학적 통찰을 발견했다.

니체로 하여금 자기 자신의 삶의 세계 속에 나타난 것으로서 근대사회의 심리적 가치 구조에 대한 예리한 통찰에로 인도하는 것은 자신의 인격을 심저心底에서 분석할 수 있는 비상한 능력이다. 자기 자신을 극복하고자 하는 차라투스트라Zarathustra의 투쟁은 자기극복에 있어 니체가 시도하는 구체적 생적生的, Vital 표현이다. 자기극복은 삶의 세계와의 관계에서 이해되지 않으면 안 된다. 그러므로 자기극복은 자기중심적인 주관주의에로 환원할 수 있는 투쟁이 아니다. 다른 말로 해서 그것은 니체 사상의 맥락 안에서 변증법으로 이해되지 않으면 안 된다. 우리가 언급한 이 심리적 집착은 니체의 자기극복의 변증법에 있어 중요한 버팀목을 형성한다. 여기서 니체의 심리적 집착을 6개 항목의 카테고리로 분류하여 검토하는 것이 필요할 것 같다.

1

우정

니체에게 있어 친구는 '정신적 반려geistiger Gefährte'와 같은 것을 의미한다. 니체에게는 세 사람의 정신적 반려가 있었다. 리하르트 바그너Richard Wagner, 에르빈 로데Erwin Rohde, 루 안드레아스 살로메Lou Andreas Salomé 등이 잠정적이나마 그의 정신적 반려에 해당한다. 그러나 니체는 이 세 사람에 대한 환멸로 말미암아 상당한 고뇌에 빠져 있기도 했다.

이 세 사람의 정신적 반려들 가운데 오직 두 사람만이 니체에게 현실적인 운명이었다. 구체적으로 말해서 청년 시절의 친구 로데와 서른 살이나 젊은 니체가 존경으로 만났던 유일한 창조적인 예술가인 바그너 두 사람이었다.

특히 니체와 로데를 결합시킨 것은 윤리적 철학적 공동체였다. "그들의 대화가 마음속 깊은 곳에서 이루어질 때 고요하고 충만한 일치가 울려퍼졌다"(Biogr 1, 243). 1867년에 편지를 주고받으면서 마침내 의견 교환이 지속되었다(N, 60). 현대를 거부하는 태도, 쇼펜하우어Schopenhauer와 바그너에 대한 그들의 사랑, 문헌학적 연구에 대한 그들의 이해, 그리고 그리스 정신의 자기화 등은 그들에게 공통적인 것이었다. 그러나 1878년 로데가 결혼함으로써 편지 교환은 급격하게 줄어들었다. 결국 두 사람의 우정은 1887년에 파탄으로 끝나고 말았다.

야스퍼스는 바그너야말로 니체의 삶에 있어 가장 커다란 실망이었다고 말한다. 니체에게는 바그너가 곧 정신적 반려, 멘토, 신봉자였던 한 사람의 친구로서 자기의 꿈을 실현한 사람인 것같이 생각되었다. 궁극적으로 그들 간에 일어난 갈등과 비방은 대체로 상호 간의 오해에 기인했으며, 정직을 지향하는 니체의 귀족주의적인 정열에서 기인한 것 같다.

니체는 진정한 우정의 맥락 안에서 바그너가 정직한 비판을 받아들일 수 있기를 기대했다. 최초에 니체는 바그너의 강력한 개성과 권위에 압도되었다. 니체의 바그너에 대한 초기 태도는 영웅 숭배에 근접해 있었던 듯 싶다. 니체 역시 바그너가 그의 진실한 바그너 비판을 받아들일 수 없었다는 것을 깨닫지 못한 것 같다. 그러므로 점차적으로 바그너는 니체의 눈에는 '인간적인 너무나 인간적인' 존재가 되었다(HJN, 17).

니체가 바그너의 작품에 부여하기를 소원했던 미학은 그의 작품에 이질적이었다. 속물로서 바그너의 예술에 대한 니체의 부정은 이러한 이질적인 표준을 적용한 결과였다. 그럼에도 불구하고 니체는 계속해서 바그너를 시대의 천재로서 간주했다.

바그너에 대한 니체의 비판은 동시에 바그너를 낳은 역사적·문화적 상황에 대한 비판이기도 하다.

2

니체의 바그너 비판

야스퍼스는 바그너에 대한 니체의 비판이란 처음부터 그 가능성이 준비되어 있었다고 역설하고 있다. 『바이로이트의 리하르트 바그너Richard Wagner in Bayreuth』를 신중하게 읽는 독자는 이 점을 분명히 감지할 수 있다고 야스퍼스는 주장한다(니체-생애, 66). 이 비판은 얼핏 보기에 파괴적인 것으로 보일지라도 비판 대상과의 긴밀한 결합을 배제하지 않는 그러한 비판임이 분명하다.

니체가 시대에 대하여 신뢰를 갖는 한, 즉 시대 안에서 새로운 문화의 실현이 가능하다고 여기는 한 그는 바그너의 편에 서 있다. 그러나 니체가 이 시대 전체를 멸망하고 있는 것으로 보고 인간의 개혁을 예술 작품과 무대의 기반과는 다른 심층에서 구할 때 그는 바그너와 적대 관계에 선다(Ebenda). 야스퍼스는 "니체가 자기 자신을 시대에 속한다고 인식하는 한" 그의 바그너 비판은 동시에 바그너주의자로서의 자기 자신에 대한 비판이기도 하다(N, 66).

야스퍼스는 바그너에 대하여 매우 적대적인 행동을 전개했음에도 불구하고, 두 가지 이유에서 니체는 날카롭고도 무자비한 폭로의 형식을 취한 그의 바그너 비판을 받아들이고자 하는 사람들에게도 적이 되었다고 역설한다(N, 67).

> 바그너에 대한 나의 평가를 자신의 것으로 만들 권리를 어느 누구에게도 쉽사리 허용하지 않는다는 것은 당연한 것이다. 모든 불손한 천민에게는 … 칭찬이든 공격이든 간에 리하르트 바그너와 같은 위대한 이름은 인구에 회자되는 것도 허용해서는 안 된다(14, 378).

니체의 숭배와 비판은 현대인의 창조적 가능성이라는 것과 결부되어 있다. 이 시대의 천재로서 바그너에게 이 시대 자체가 무엇으로 이해되고 있는가를 니체는 잘 파악하고 있는 듯하다고 야스퍼스는 주장한다(니체-생애, 67).

니체에게 있어 바이로이트의 개막은 종말의 시작이다. 니체는 바그너와의 우정을 계속 유지해야겠다는 이해관계에 따라 그의 가장 통렬한 비평을 억제한 이후, 비록 극단적인 비판이었다고 하더라도,

자기가 정직했던 것 같다고 언표했다. 바그너와의 우정 관계에 대해 우려하고 있었던 생각과 음조는 이미 니체의 전문 연구 저서인 『바이로이트의 리하르트 바그너』에 아주 분명하게 드러나고 있다.

그들 간의 궁극적인 절교는 바그너가 이탈리아에서 니체에게 자기의 '파르지팔Parsifal 계획'을 말했을 때 진행되고 있었다(HJN, 17). 반기독교를 주장했던 니체는 이 파르지팔 계획을 바그너에게 귀속시켰으며, 바그너를 위선이라고 비난하면서 미학의 배신자로 보았다. 차라투스트라가 "자기가 옳다고 주장하는 것보다— 특히 자기가 옳을 때 자신이 옳지 않다고 선언하는 것이 더욱 고귀하다"라고 말할 때 반성되는 바와 같이 니체가 바그너에 대한 그의 비판을 억제해야 했던 것을 매우 예리하게 느꼈을 뒤늦은 순간들도 있었다(HJN, 17).

정직을 향한 니체의 강요는 때때로 다른 어떤 것보다 우월하다. 그러므로 니체가 다른 사람들에게 정직을 엄격하게 요구하고 있는 바와 같이 자기 자신에게도 엄격하게 요구하고 있다는 사실에 대해 깊이 주목해야 할 것 같다. 바그너와 니체 간의 관계가 엄청날 정도로 복잡하다는 것은 분명한 사실이다. 그러나 우리는 바그너와 니체 간의 복잡한 관계에서 니체의 인간됨과 사상을 짐작할 수 있는 중요한 심리적 단서들을 발견할 수 있다.

니체에게 있어 '친구'의 개념은 본질적으로 말해서 차라투스트라가 추구하는 '고귀한 인간'을 뜻한다. 다시 말해서 니체의 친구 개념은 위버멘쉬를 지향하는, 자기극복의 도상에 있는 사람을 의미한다. 그러므로 이러한 위버멘쉬의 개념이 니체 자신의 특별한 심리학으로부터 나타나고 있다는 것을 깨닫는 것이 중요하다. 게오르그 브란데스Georg Brandes가 니체의 '귀족적인 급진주의'에 대해 말하고 있는 것은 니체의 심리적인 구성에 따른 결과다. 니체는 자기 자신과 다른 몇몇 사람들 가운데서 개인으로서의 인간 존재의 엄청난 가능성들을 인식했다.

이러한 인식은 관념의 거대한 복합체로 인도한다. 인간 존재의 가능성에 대한 니체의 통찰은 그의 초기 작품에 있어 미학의 중요한 국면이 되었다. 사실 인간의 이러한 이상적 개념은 지극히 그리스적이며, 따라서 개인을 자기창조적인 예술의 가능적인 활동으로 간주한다. 이 이상과 실제 간의 불일치, 즉 범속한 인간은 니체에게는 커다란 고통과 환멸의 근원이었다. 더욱이 이러한 불일치는 니체의 범속한 인간들 또는 축군畜群에 대한 경멸의 근원이었다. 이 경멸은 니체의 휴머니즘의 뿌리에 있다. 실제와 이상 간의 불일치에서 생기는 경멸은 니체에 있어서는 심리적인 동기를 부여하는 사실, 즉 힘에의 의지의 표현이다. 힘에의 의지는 인간을 자기 자신을 극복하는 방향으로 인도할 수 있고 위버멘쉬를 향하여 착수하게 할 수 있다.

그런데 '고귀성의 추구'라는 그리스인의 개념과 '위버멘쉬의 추구'라는 니체의 개념 간에는 밀접한 유사점이 있기도 하지만, 차이점도 상당히 깊다(HJN, 18). 이러한 차이는 그리스인의 합리주의에 대한 니체의 거부에 있다. 니체에게 있어 예술의 가능적 활동으로서 인간의 형체화를 이루어 가는 정신은 단순히 지성이 아니고, 본능이다. 인간은 단순히 정신만이 아니고 동물이기도 하다. 그리스인에 있어 인간의 실현은 이성을 통한 인간의 동물성 초월이었던 데 반해서, 니체에게 있어서는 어떤 초월도 인간의 동물성을 인간의 영성靈性과 결합하는 종합이다(HJN, 18). 본능에 대한 거부는 니체의 입각점에서 본다면 정신적 퇴폐로 나아간다. 동일한 근본 문제가 또한 로데 및 루 살로메와 니체 간의 관계에서도 일어나고 있었다.

3

니체와 로데 및 루 살로메 간의 관계

동년배이면서 동창생인 로데는 니체와 어린 시절의 관심을 공유했으며, 시대의 기존 가치에 대한 반항에의 열정을 명백히 표명하고 있었다. 그러나 로데는 니체와 대조적으로 문헌학자로 남아서 그의 가족생활과 그의 학문적인 탐구의 맥락 안에서 개인의 안정을 추구했다. 니체는 여기서 미묘한 종류의 배신을 보았다.

왜냐하면 그는 자기의 눈에 비친 바로는 자기 자신과 자기의 가장 직접적인 가치들을 희생하여서만 달성될 수 있었던 안정을 경멸했기 때문이다. 니체와 로데는 계속 벗으로 지속했지만, 그들 상호 간의 따뜻하고 활력이 넘쳤던, 청소년 시절의 우정 관계는 사라졌다. 어떤 의미에서 로데의 배신은 바그너의 배신과 마찬가지로 엄청난 것이었다. 왜냐하면 로데는 니체의 일생을 통하여 강력한 동력으로 남아 있었던 발랄한 비전과 열정에 충실하지 않았기 때문이다(HJN, 19).

야스퍼스에 의하면 니체와 로데의 본질적 대립은 그들 각각을 서로 다른 세계의 대립자로서 특징지어 주고 있다. 청년 시절에 그들 두 사람은 무한한 가능성에서 살았으며 높은 의욕에 넘쳐 있었다는 점에서 일치한다. 그러나 나중에 그들 두 사람은 정반대의 길을 걷는다(N, 62). 니체는 언제까지나 젊음을 가지고 있었으며 자신의 사명에 대한 확신을 가진 실존에 있어 깊이를 알지 못할 만큼 그윽했다고 야스퍼스는 높이 평가한다(Ebenda). 니체와는 반대로 로데는 진부하면서, 서민적, 현실 안주적, 그리고 회의적이 되었다. 그러므로 니체의 특징은 용기이며, 로데의 특징은 자조적自嘲的 한탄이었다고 야스퍼스는 규정한다(Ebenda).

니체와 로데의 본질적 차이는 너무나 대조적이었기 때문에 니체에게는 확연하게 드러나고 있다. 야스퍼스는 두 사람을 다음과 같이 대비시키고 있다.

로데는 처음부터 체념의 경향과 외부로부터 오는 지지를 포착하는 경향, 내면적으로 기반이 없는 회의주의자이다. 니체는 일찍부터 그와는 정반대였으며 언제나 정반대로 지속했다. "이 세상의 모든 것을 준다 해도 한 걸음도 순응하지 말게. 우리는 자기 자신에게 충실할 경우에만 위대한 성과를 가질 수 있으니. … 내가 나약하게 되고 회의적으로 될 경우 나는 나 자신뿐만이 아니라 나와 함께 성장하는 많은 사람들을 손상시키거나 파멸시키게 될 것이네"(게르스도르프Gersdorff에게 보낸 서한, 1876.4.15).

여기에 비하여 로데는 이미 1869년에 다음과 같이 말할 수 있었다. "여기에도 그리고 마찬가지로 어딘가 다른 곳에서도 처음에는 내면적으로 분노에 차서 반항하지만 점차로 체념하며 다른 사람들과 마찬가지로 모래 위를 터벅터벅 걸어가는 것이 … 나의 자세이네." 그는 이미 "사람들이 만족이라고 일컫는 … 남과 같이 무거운 날개와 현기증 나는 양귀비 줄기를 가진 체념이라는 여신"을 맞이할 준비가 되어 있었다(1870.2.15).

그 결과는 한편으로는 학문상의 "업적"이었고 다른 한편으로는 자신의 영혼이 미완성된 것들에 의해 무거운 부담을 지게 된 것이었다. 그로부터 수많은 한탄이 생긴다. "나는 자유로운 정신이 아니다." 극단적인 실망은 그로 하여금 "수 주일 수개월 동안 모든 것을 희망이 없는 빛 가운데서 보게끔 한다"(1873.12.23).

로데는 자신에 대하여 놀라울 정도로 정직하다. 그는 자신의 방법을 알며, 자기 자신을 점차적으로 불쾌하게 느끼게 된다.

• 니체-생애, 64

로데는 자기가 가지고 있는 것을 확보해 둔다는 의지만은 상실하지 않았다. 그럼으로써 로데는 자신이 속하는 문헌학계를 위하여 다른 어떤 문헌학자 이상의 업적을 충분히 쌓아 올렸다. 그러나 그로 인하여 동시에 니체와의 관계는 점점 더 불안정해졌다고 야스퍼스는 논평한다(Ebenda, 65). 로데는 자신이 이해하는 것처럼 모든 것을 정당하고 훌륭하게 하려고 하지만 긍정에서 부정으로, 부정에서 긍정으로 줄곧 방황한다. 니체와 그를 연결시키는 것은 낭만적인 회상 이외에는 아무것도 없다고 야스퍼스는 말한다(Ebenda).

다른 인간 존재에 실망한 니체의 강한 의식은 또한 루 살로메와 그의 간단한 우정에서 예리하게 설명된다. 이러한 관계에 대한 니체의 관점은 과장 없이 하나의 열정이라고 일컬어질 수 있다. 이 모든 것을 고려할 때 니체와 살로메 간의 관계는 상호적이지 않았다. 루 살로메는 니체보다 파울 레Paul Ree에게 훨씬 더 많은 관심을 가졌다. 처음에 니체는 루 살로메가 이상적인 제자라고 믿었다. 니체는 비록 자기를 이해했다고 말하는 어떤 사람에게도 신뢰를 주지 않았지만 루 살로메만은 진정으로 자기를 이해했다고 믿었다. 니체는 오버베크Overbeck에게 다음과 같이 편지를 써서 보냈다.

> 루는 지금까지 내가 만난 사람들 가운데 가장 지적인 사람입니다.   • Werke, 1203

그러나 니체의 여동생이 기도했던 루에 대한 비판적 캠페인의 결과 니체는 루에 대해 가지고 있던 꿈을 재빨리 깼다. 그러니까 재빨리 눈을 뜬 셈이다. 그의 반응은 한동안 극단적이었기 때문에 6개월 후에 니체는 말비다 폰 마이젠부크Malwida von Meysenbug에게 다음과 같이 써서 보냈다.

> 무엇보다도 내가 이제사 알게 되었다니! 불행하게도 너무 늦게
> 알았다니! —이들 두 사람, 레와 루는 나의 부츠 밑바닥을 핥을 가
> 치조차 없습니다.　　　　　　　　　　　　　　　　• Werke III, 1210

그러나 나중에 니체는 루에 대한 태도를 수정했다. 자신이 여동
생의 악의적인 영향 아래서 이러한 태도를 취하게 되었다는 것을 훗
날 깨달았기 때문이었다.

니체의 여성들과의 관계는 대체로 상극적이면서 항상 괴로운 일
이었다. 그의 삶에 있어 가장 중요한 여성은 여동생인 엘리자베트
니체다. 니체는 자신의 여동생과의 매우 심각한 결속을 느꼈다. 그
러나 그는 동시에 여동생에 대한 커다란 적의도 품고 있었다. 비록
엘리자베트가 니체의 작품들에 대한 중요한 옹호자였다고 하더라
도 그녀는 결코 만족스러운 제자일 수는 없었다(HJN; 19). 그것은 엘
리자베트가 니체의 관념들을 자기 자신의 관념들과 혼합하고 왜곡
했다는 단순한 이유 때문이었다. 야스퍼스는 엘리자베트가 20세기
초에 니체의 주변에서 증대하고 있던 신화에 커다란 책임이 있다고
비판했다.

엘리자베트는 니체의 힘의 철학을 자신의 반유대주의적인 견해
들의 기초로 이용하고자 했다. 그러므로 엘리자베트는 니체의 생각
에서 비추어 본다면 제자일 수 없고, 단지 자신이 말한 모든 것을 그

저 맹목적으로 받아들였을 뿐이다. 니체를 따르고 존경했던 페터 가스트[Peter Gast: 본명 하인리히 폰 쾨젤리츠Heinrich Von Köselitz]도 제자일 수 없다. 게르스도르프, 오버베크, 가스트, 루, 엘리자베트 가운데 어느 누구도 니체가 추구하고 염원한 '고귀한 인간들'이 될 만한 사람은 없었다. 니체는 제자들이 그들의 멘토의 관념들을 왜곡해서 실천하고 있는가 하면 그것을 남용하고 있는 경향을 잘 이해하고 있었다. 뿐만 아니라 그는 그들이 그를 무비판적으로 외경함으로써 나타난 결과들마저 한결같이 잘 이해하고 있었다. 니체가 추구하고 있는 '고귀한 인간들'은 제자와 스승, 친구와 비평가이지 않을 수 없었다.

자기의 일생을 통해서 동시대인들 가운데서 친구와 제자를 발견하지 못한 것에 니체는 몹시 실망했던 것 같다고 야스퍼스는 말한다. 사실 니체는 자신의 고독한 삶 속에서나마 고귀한 인간들을, 즉 자기처럼 자기들의 동시대와 결별하여 고립되어 있던 초역사적 개인들을 갈망하고 추구하곤 했던 것 같다. 니체는 자기의 고독 속에서 괴테Goethe 및 스피노자Spinoza와 같은 초역사적 개인과의 정신적 유사를 통해서 위로를 얻고자 시도했다.

니체의 개념에 의해 수반된 조건과 요구들은 —익히 알려진 책임으로부터, 즉 통상의 사회적 책임으로부터 그를 해방시켜 주는— 그의 고립에서 비롯하는 결과이다. 이러한 책임으로부터의 면제는 그를 일상적인 사회생활의 실천적인 압력으로부터 상대적으로 해방시켜 주는 상황 속에서 생활하는 것을 가능하게 해 주었다. 니체에게 있어 정신의 영역 내에서 자기 자신에 대한 이와 같은 극단적인 요구들을 가능하게 하는 것은 정확하게 말해서 바로 이러한 상황에서 비롯한다(HJN, 21).

그러므로 정신적 긴장을 야기시키는 니체의 견해는 그의 삶의 상황으로부터 비롯하는 직접적인 결과이다. 니체는 자신의 삶의 상황과는 근본적으로 상이한 다른 사람들의 삶의 상황을 상대적으로 고려해 주지 않았다. 다른 인간들과의 정신적 상호 소통이라는 그의 착상은 책임으로부터의 상대적 자유에 의해 자기 자신의 삶의 상황과 유사한 삶의 상황을 전제로 하고 있다.

이 점에서 니체는 독단론자였다고 야스퍼스는 비판한다. 니체가 인간 존재들 간의 정신적 상호 소통에 부여하는 우선권은 사회적 상호 소통 이론에 관한 많은 심각하고 광범위한 파급 효과를 가진다. 그것은 또한 가치들의 근본적인 구조 개혁에의, 즉 가치평가에의 요구를 창출한다. 여기서 우리는 니체의 우정 개념에 관련된 다른 중요한 국면에 직면한다. 정신적인 수준에서 다른 사람들과 상호교호작용하기 위해 우리는 맨 먼저 자아를 향해 노력하는 수준을 성취하거나 또는 니체의 어법語法을 사용하자면 자기에의 '복귀하는 집'을 성취하지 않을 수 없다.

우리가 다른 사람과 의미심장하게 상호교호작용할 수 있기 전에 먼저 우리는 자기가 누구이며 자기가 형이상학적으로 어디에 존재하는지에 대한 이해에 이르지 않으면 안 된다. 정신적인 교제가 기도하는 궁극적인 성취는 자기의 획득과, 자기와 타자 간의 관계에 있어서의 필요한 조건들인 가장 심오한 고독 및 고립으로부터 생긴다. 이것이 야스퍼스가 지적하고자 했던 니체에 있어서의 '모순들' 가운데 하나이다. 적절하게 이해하자면 여기서 니체의 입장은 모순 이 아니거나 또는 단지 논리적 모순에 불과하다. 왜냐하면 고독과 고립은 자아를 획득함에 있어 전제 조건이며, 자아는 정신적 공동체 로 들어가고자 하는 전제 조건이라는 니체의 주장은 확실히 심리적 모순 또는 실존적 모순의 결과가 아니기 때문이다.

4

고독, 홀로 있음 그리고 철학

니체는 자신의 환경 내에서의 부정적인 요인들과 개인적인 기질 을 적어도 부분적 긍정적 의미의 요소들로 변형시킬 수 있는 비상한 능력을 가지고 있었다고 야스퍼스는 논평한다(HJN, 22). 니체는 자기 의 제자들에 대해 드러내고 있던 바람이 위험을 야기시켰음을 인식 하고 있었다. 자기의 제자들을 향해 가지고 있었던 바람은 그 자신 의 홀로 있음으로부터 생긴 것 같다. 이러한 바람에 탐닉하는 것이 그것 속에 엄청난 파괴적인 힘을 포함하고 있는 정신적인 나약을 구 성하고 있다는 그의 이해는 매우 중요하다.

『차라투스트라는 이렇게 말했다』의 제1부 끄트머리에서 제공하 고 있는 감동적인 연설은 이중적인 메시지, 즉 이중적인 경고를 포함하고 있다. 제자에게 준 경고는 명백하다.

나는 이제 나 홀로 가련다. 나의 제자들이여! 너희들도 이제 헤어져 홀로 가도록 하라! 나는 그것을 바란다.

진실로 나는 너희들에게 권한다.

나를 떠나서 차라투스트라에게 대항하라고 말이다! 그를 부끄럽게 여긴다면 더욱 좋으련만 아마도 그가 너희들을 속였을지도 모른다.

인식하는 자는 적을 사랑할 뿐만 아니라 벗을 미워할 줄도 알아야 한다. 언제나 학생으로, 제자로만 머문다면 그것은 스승에게 제대로 보답하지 못하는 것이다. 왜 너희들은 나의 월계관을 낚아채려고 하지 않는가?

너희들은 나를 존경한다. 그러나 어느 날 너희들의 존경이 무너진다면 어떻게 될까? 입상에 깔려 죽지 않도록 조심하라!

• KSA 4 Z, 101

자기에 대항하는 제자들에 대한 차라투스트라의 경고는 제자들 또는 믿는 사람들에 대항하는 자기 자신을 향한 경고이기도 하다. 여기서 그리고 어딘가 다른 곳에서 『차라투스트라는 이렇게 말했다』는 니체의 중심적인 핵심에로 인도하는 길잡이로서 기여할 수 있다. 왜냐하면 니체의 초기의 거의 모든 관념들이 결실을 맺은 것이 이 책에 있기 때문이다.

이러한 의미에서 우리는 이 책을 니체 철학의 축軸이라고 말할 수 있다. 여기서 흥미진진한 것은 그의 공허에 대한 잠재적인 호소의 위험에 대한 인지일 뿐만 아니고, 이 위험이 정신적 고립으로부터 일어나고 있다는 사실에 대한 인지이기도 하다. 많은 사람들에게 괴로운 실재인 이 투쟁은 니체의 경우 그의 활동에 대한 동정적인 관심과 격려를 아끼지 말아야 한다는 필요에서 크게 증대되었다. 여기서 우리는 니체의 삶의 상황에 있어 또 다른 하나의 중심인 실존적인 대립에 직면한다.

니체의 강렬한 자기전념과 자기관심은 다른 사람의 삶의 상황에 대한 상호 간의 관심을 표명하는 것을 사실상 불가능하게 만들었다. 결국 고립은 니체에게 있어 철학 의미와 관계하는 고독과 홀로 있음 간의 변증법적인 관계의 귀결이다. 니체에 있어 진정한 철학은 철학자 개개인의 삶의 상황으로부터 생성된다.

> 여태까지의 모든 위대한 철학이 무엇이었는가가 점차 명확하게 드러났다. 즉 그것은 철학의 창시자의 자기고백이며 원하지도 않은 채, 자기도 모르게 씌워진 일종의 회고록이었다. 다시 말해서 모든 철학에서 도덕적인 (또는 비도덕적인) 의도가 본래적인 생명의 싹을 형성하며 그 생명의 싹에서 싹을 형성하며 그 생명의 싹에서 매번 식물 전체가 성장한다. • KSA 5 J, 19f

그러므로 철학은 사상가의 유일무이한 실존에 의존하며, 가장 황홀한 높이와 사상가들 자신의 정체성의 심저를 이해한 사람들에 있어서만 의미심장한 표현을 발견한다. 칸트가 비평가 수준에 머물러 있어 철학의 높이와 깊이에 이르지 못했다고 니체가 말할 수 있는 것은 바로 이 이유 때문이다. 자기발견의 지속적인 과정은 야스퍼스에 의하면 진정한 철학함의 필연적인 국면이다(HJN, 23). 따라서 자기발견의 선행조건은 고독이다. 자기 자신과 홀로 있음에 의해서만 우리는 철학을 열망할 수 있다. 여기서 '고독'이라는 말은 애매하다. 왜냐하면 확실히 말해서 칸트의 일이란 일종의 고독을 너무나 필요로 했기 때문이다. 우리는 "우리 자신과 홀로 있음"이라는 문구를 글자 그대로의 의미에서 이해하지 않으면 안 된다. 이것은 물론 니체의 철학이란 '주관일 뿐이다'라는 것을 의미하는 것이 아니다.

칸트의 고독은 보통 현상적인 내용을 가졌었다. 그러나 니체는 키르케고르와 같이 진리의 기준들이 개인의 삶의 상황으로부터 생기며, 더욱이 '객관성'이란 종종 단지 "집단적 주관성을 의미할 뿐이다"라는 것을 깨달았다(HJN, 23).

스스로 방향을 결정하는 자발성을 그 근본적인 성격으로 가지는 고독은 진정한 철학에의 근본적인 필수요소가 된다. 이러한 자기이해는 우리 자신의 존재실현에 있어 타자와의 관계를 필요로 한다는 것에 대한 인식을 야기시킨다(Ebenda). 니체에게 있어 이와 같은 상호 관계는 자기와 타자 간의 이해관계들을 결코 희생시켜서는 안 된다는 요구에 의해 굉장히 복잡해진다. 왜냐하면 그렇게 한다는 것은 니체의 눈에는 상호 격하를 야기시키기 때문이다. 니체는 다른 인간과의 의미심장한 관계들은 단호하게 하나가 됨으로써만 가능할 수 있다고 주장한다(HJN, 24).

우리는 우리 자신의 타자에 대한 이해관계를 결코 희생시킬 수 없다. 왜냐하면 이와 같은 행위는 이타적利他的이라고 하기보다는 자기 자신과 타자에 대하여 배신적이기 때문이다. 이와 같은 요구들의 결과는 우리가 우리와 똑같이 자기집중으로써 살고 있는 다른 인간을 발견할 수 없는 한, 그리고 정신적인 교우 관계를 마련할 수 없는 한, 고립이자 홀로 있음이다. 우리가 인식한 바와 같이 니체는 이와 같은 개인을 발견할 수 없었다. 고독은 니체에게 있어서는 필연적이었을 뿐만 아니라, 고귀할 만큼 긍정적이었다. 왜냐하면 고독의 산물은 '즐거운 지혜'였기 때문이다.

그러나 동시에 이 고독의 결실들을 나누어 가져야 할 엄청난 필요가 있었다. 홀로 있음은 늘 니체를 따라붙어 다녔다. 사실 그의 홀로 있음의 압박이 궁극적으로 그의 육체적인 고통보다도 훨씬 고통스러웠다는 것은 지극히 있음 직하다. 니체에게 있어 자기실현이야말로 저 말의 진정한 의미를 의식한 철학자가 되고 있음을 의미한다는 것은 명백하다. 따라서 니체가 자기의 홀로 있음을 완화할 수 있었던 친구를 동시대인들 가운데서 발견하지 못한 것은 놀라울 일이 아니다. 당연히 위대한 정신적 적이었을 친구는 지위에 있어 니체와 동등한 철학자였어야만 했기 때문이다. 홀로 있음과 친교와 자기표현을 갈망하는 자신의 필요에서 니체는 집필하는 방향으로 전환했다.

니체가 정신적 동료를 발견하지 못했다는 것은 아마도 다행스러운 일일 것이다. 만일 그가 친구들을 발견했다면 우리는 그의 작품들을 가질 수 없었을지 모른다. "철학에 있어 고독은 본질적이다. 왜냐하면 철학은 얼음과 산꼭대기에서의 자발적인 삶이기 때문이다"라고 니체는 주장한다(HJN, 24). 홀로 있음 역시 철학에 있어서는 본질적이다. 분명한 것은 이 홀로 있음이야말로 니체의 극단론에 있어 결정적인 역할을 한다는 것이다.

5

병과 건강

니체는 자신이 괴로워했던 정신적 고통에 덧붙여 편두통, 불면증, 만성적인 위병에 시달렸다. 또 니체가 시력에 있어 상당히 어려움을 겪었다는 것도 잘 알려져 있다. 니체는 독서하고 집필함에 있어 겨우 눈을 사용할 수 있었던 것 같다. 그래서 그는 자신의 사유의 내용들을 게르스도르프 또는 페터 가스트에게 구술口述하지 않을 수 없었다. 어떤 니체 사상 주석자는 니체의 편두통, 불면증, 소화불량증, 고혈압, 그리고 하물며 그의 정신적 붕괴마저도 격심한 눈의 피로감의 결과였다고 시사하기도 했다. 여기서 우리는 병들의 원인에 대하여 관심을 가질 것이 아니라, 오히려 니체에게 들이닥친 이러한 질병의 결과들과 그 병들에 대한 그의 태도에 관심을 가져야만 할 것 같다.

니체가 편지에서 가끔 터뜨리는 고충은 자신의 불면증과 편두통에 관한 것이다. 따라서 그가 아픔을 제거하기 위한 노력에서 닥치는 대로 온갖 종류의 약을 복용했다는 것은 잘 알려진 사실이다. 약간의 주석자들이 시사하는 바에 의하면 니체의 약물 사용과 차라투스트라 집필, 실바플라나 호숫가 주라이Surlei에서 영원회귀 사상의 현현과 같은 순간의 망아忘我의 상태 간에는 상관관계가 있다는 것이다. 그러나 이와 같은 추측에 대한 구체적 증거는 없다. 이러한 영향 아래 표면상 제의된 관념들을 거부하는 것은 유전학적인 오류의 경우에 불과하다.

여기서 중요한 문제는 1888년 말의 정신붕괴에 앞서 니체의 정신건강의 문제이다. 극단주의자들은 니체의 작품들 전체를 미친 인간의 광란으로 취급하고자 했다. 이와 상반되게도 니체를 옹호하는 변호자들은 니체가 그의 완전한 정신붕괴의 바로 그 순간까지 의심할 여지 없이 정상적이면서 명료했다는 사실을 확립하고자 시도했다(HJN, 25). 사실 이러한 두 가지 주장은 두 가지 이유 때문에 부적절하다.

첫째, 이것은 유전학적으로 그릇된 추론의 실례이다. 니체의 관념들은 그것들의 가치와 특성에 의해 평가될 수밖에 없다. '미친 인간'이 대단히 의미심장하고 통찰력이 있는 사상의 창조자일 수 있다는 것은 사실상 가능하다. 명석은 정상적인 정신의 배타적 특성도 아니고 하물며 온전한 정신의 특성도 아니다. 둘째, 문제점은 정신 이상이라는 말의 애매함이다. 정신이상이란 전문용어이다. 정신이상은 생리학적인 손상의 결과로 나타나는 정신병에서 비롯하는 일체의 것에, 즉 특수한 비평가의 견해와 일치하지 않는 태도 또는 표현의 형식에 적용되었다. 만일 '온전한 정신'이 합리적으로 의미심장하고 시종일관한 것을 의미한다면 확실히 니체의 마지막 작품은 다소 극단적이라고 하더라도 온전한 정신상태에서 쓰인 것이다. 우리가 여기서 단정할 수 있는 것은 니체가 1888년 말 이후 확실히 의학상으로는 비정상적이었지만, 니체의 작품들 가운데 그 어떤 것도 미친 인간의 광란으로 단순히 처리해 버릴 만한 합리적인 근거는 발견되지 않는다(HJN, 25).

니체의 저서에서 들려오는 음조音調는 때때로 세차고 거칠지만, 그럼에도 그것은 명료하고 시종일관되어 있다.

야스퍼스는 우리가 심각하게 고려해야 할 것으로서 니체의 작품들 가운데 그 어느 것도, 비록 극단적이고 신랄하다고 하더라도, 단순히 정신이상의 산물로서만 여길 수 없다고 주장한다. 니체의 병들이 드러내고 있는 가장 의미심장한 국면은 니체 자신의 질병들에 대한 태도에서 비롯한다. 따라서 여기서 우리는 니체가 해석하는 병과 건강에 대해서 논의해 볼 필요가 있을 것 같다.

니체에게 있어 병과 건강은 근본적인 문제였다. 왜냐하면 니체에게 있어 인간 존재 자체가 전통적인 철학에서 사유되고 있는 바와 같이 이성적인 존재가 아니고, 힘에의 의지 자체로서의 몸에 불과하기 때문이다.

니체에 의하면 인간은 본질적으로 말해서 자기 자신을 유지·향상시키면서 자기 자신을 역화力化시켜 나가는 힘에의 의지der Wille zur Macht로서 몸의 존재das Sein der Leiblichkeit 그 외에 아무것도 아니다. 모든 생명체가 다 그러하지만, 특히 인간에 있어 몸은 끊임없이 흐르는 냇물과 같이 자기 자신을 극복하고 새로운 자기를 만들어 나가는 창조적인 의지인 이른바 힘에의 의지이다. 몸은 생명의 근원이면서 현실로서 생각하고, 느끼고, 이해하고, 지각하는 일체의 정신적인 작용이나 육체적 활동을 본질적인 기능으로 삼는다. 영혼도 몸에 종속되며, 정신의 활동이며 이성적 사유조차도 몸이라는 커다란 이성에 의해 포괄되고 통제되는 하나의 작은 이성이다.

그러므로 니체는 몸을 커다란 이성die große Vernunft이라고 규정하고 일반적으로 사유하는 이성, 즉 전통 철학에서 말하는 이성을 작은 이성die kleine Vernunft이라고 규정하고 있다.

커다란 이성으로서 몸이 수행하는 기능인 작은 이성의 사유며 감성의 지각 행위도 자기를 유지·향상·발전시키는 힘에의 의지의 활동이며 창조적 자기로서 몸의 창조 행위이다. 몸에 있어 힘의 약화 또는 쇠퇴는 건강의 부재로서 병의 근본 원인이 된다. 니체에 있어 병은 힘에의 의지로서 몸의 균형 상실, 부조화, 정체 상태의 국면이다.

1) 병과 건강의 의미

니체에게 있어 건강은 어떠한 절대적인 실체나 고정된 실체적 상태에 대한 규정이 아니며, 상대적으로 이해될 수밖에 없는 것이다(생명과 치유, 379).

1888년 초 니체의 유고Nachlaß는 병과 건강이란 본질적으로 상이한 것이 아니며, 사실은 정도의 차이에 지나지 않는 상대적인 것임을 분명히 말해 주고 있다(생명과 치유, 379).

> 건강과 병은 옛날의 의사나 오늘날의 약간의 임상의가 믿고 있는 바와 같이 본질적으로 상이한 것이 아니다. 이것들로부터, 살아 있는 유기체에 관해 서로 싸우고 그것을 자신들의 싸움터로 만들어 버리는 명료한 원리들이나 실재들을 만들어서는 안 된다. 그런 것들은 더 이상 아무 소용없는 진부한 짓거리나 수다이다. 사실 건강과 병이라는 삶의 두 양식 사이에는 단지 정도의 차이만 있을 뿐이다. 정상적인 현상들의 과장, 불균형, 부조화가 병적 상태를 구성한다.
>
> • KSA 13 N, 250

니체에 있어 병과 건강이란 몸의 정상적 상태, 즉 몸 자체의 역화를 지향하는 힘에의 의지의 지속인가 정체인가 하는 정도의 차이에 불과하다. 몸 자체가 끊임없이 자기를 향상·고양시키고 있는 상태 또는 그런 현상이야말로 몸의 정상 상태로서 건강이고 그렇지 못한 힘의 약화 또는 쇠퇴의 상태일 경우는 부조화, 즉 정상적 상태의 부재로서 병이다. 몸이라는 힘에의 의지의 불균형 또는 부조화가 병이라면 힘에의 의지의 균형 또는 조화는 건강이다. 그러므로 니체에게 있어 병과 건강은 수은주의 올라가고 내려옴이라는 글자 그대로 수은주의 높낮이와 같은 정도의 차이에 불과하다.

　병과 건강은 생물학적·의학적으로 규정될 것이 아니라 실존적 자리 전체에서 몸의 가치에 근거를 두고 규정되어야 한다고 니체는 주장한다. 다시 말해서 니체는 병과 건강은 힘에의 의지라는 원근법주의적 척도에서 규정되어야 한다고 주장한다.

> 너의 덕은 너의 영혼의 건강이다. 건강 그 자체는 없다. … 무엇이 너의 몸을 위한 건강이냐라는 결정조차도 너의 목표, 너의 시야, 너의 힘, 너의 충동, 너의 과오, 그리고 무엇보다도 너의 영혼의 이상이나 환상들에 의존하고 있다. 그 때문에 몸의 무수한 건강들이 있다.
> • KSA 3 FW, 477

　니체는 건강을 달성할 수 없는 상태로 규정하지는 않는다. 다시 말해서 니체는 건강을 인간 자신이 항상 자기를 극복하고 자기고양을 감행하면서 동시에 자기역화를 실현하는 과정으로 이해한다. 그러므로 니체는 빠르게 효과를 가지고 오는 의약품에 의존하는 건강에의 사고방식을 거부한다.

　니체는 건강과 병을 각 개인이 각자 적극적으로 책임을 지는 실존의 조건 위에서 이해할 것을 요구하며, 모든 사람은 각자 자신의 리듬, 욕구, 삶의 습관을 언제나 성찰해야 할 뿐만 아니라, 그것에 영향을 주고 그것을 변형할 수 있는 가능성을 지니고 있다고 주장한다(생명과 치유, 381). 니체의 입장에 따르면 건강이란 가변적이며, 따라서 병과 건강은 본질적으로 다르지 않다. 그는 병과 건강의 이분법적 구분을 부정한다. 그러므로 앞서 언급한 바와 같이 그의 견해에 따르면 병과 건강은 정도의 차이일 뿐 본질적인 차이는 아니다. 경우에 따라서 병은 삶에 유용할 수 있으며, 삶을 위해 자극이 될 수도 있다(생명과 치유, 381).

> 병 자체는 삶의 자극제가 될 수 있다. 단지 우리는 이러한 자극을 이겨 낼 정도로 충분히 건강해야만 한다. … 전형적으로 병약한 존재는 건장해질 수 없고, 자기 스스로 건강하게 만들기는 더욱 어렵다. 반대로 전형적으로 건강한 존재에게는 병들어 있다는 것이 심지어는 삶을 위한, 더 풍요로운 삶을 위한 강력한 자극제가 될 수 있다. • KSA 6 EH, 22

자기 자신의 삶을 긍정적으로 인식하고 항상 자기에게 주어진 운명을 부정하지 않고 오히려 사랑하면서 운명을 적극적으로 수용하는, 즉 운명애를 가치 높은 것으로 이해하고 그것을 자기화함으로써 삶을 새롭게 창출할 때 건강은 존속하는 것이다. 구체적으로 말해서 자기 자신에게 닥친 어떤 비극적인 사건이나 슬픈 일도 탓하거나 원망하지 않고 그것을 자기 삶의 구성요건으로 받아들여 그것을 불가피한 삶의 현실로 인정하며 그것과 자기 자신이 공존하고 상생함으로써 역설적으로 건강의 유지 및 존속을 현실화시킬 수 있는 것이다. 이 경우에 자기 앞에 넓은 세계가 펼쳐지고 세계를 강렬하게 긍정할 수 있게 된다. 자기에게 닥친 비극적인 운명을 기꺼이 긍정하고 수용한다는 것은 역설적으로 자신의 저항의 본능을 구현한다는 것을 의미한다. 따라서 이러한 저항의 본능을 상실하거나 포기하고 쇠퇴한다는 것이야말로 병이 되는 것이다.

> 만일 어떤 그 무엇이 일반적으로 병들어 있는 것이나 약한 것을 관철시킬 수밖에 없다면 이는 그에게 진정한 치유 본능, 즉 인간 안에 있는 방어 본능이 쇠퇴해 간다는 것을 뜻한다. 그런 인간은 어떤 것에서도 벗어날 수 없고 어떤 것도 잘 처리해 내지 못하며 어떤 것도 퇴치할 수 없다. 모든 것이 상처를 입힌다. •Ebenda

힘에의 의지가 약화되면 삶이 데카당으로 변하고 병을 치유할 수 있는 본능이 약화된다. 치유 본능이 약화된다는 것은 자기 자신을 보존할 수 있는 능력을 상실했음을 의미한다. 병에 대해 지나치게 민감하거나 병드는 것에 대해 지나친 두려움을 가진 사람은 결코 병으로부터 벗어날 수 없으며, 병적 증후를 몸 안에 지닌 채 어떤 의미에서 병자로서 살아갈 수밖에 없다(생명과 치유, 388). 그러나 병적 고통을 극복하고자 하는 사람에게 병이란 더욱 강력한 자극제가 될 수 있으며, 이러한 사람이 진정한 의미에서 건강한 삶을 살아갈 수 있다.

니체가 말하는 병이란 토마스 롱Thomas Long이 말한 바와 같이 병적 고통에 대응할 수 있는 능력의 부재를 의미한다(NPM, 118). 병적 고통에 대응할 수 없는 인간은 자신의 빈곤함과 용기의 부족으로 고통에 대해 대응하기 때문에 근본적으로 건강하지 못하며, 건강한 인간만이 고통에 직면할 용기를 가지고 자기 자신의 의사가 될 수 있다(Ebenda).

니체는 인간은 개인마다 자기가 자기의 몸을 치유하는 의사가 되어야 한다고 주장한다. 다시 말해 모든 인간은 각자가 자기의 몸을 치유하는 의사이지 않으면 안 된다고 말한다. 그러므로 모든 인간에게는 각자의 건강이 있기 때문에 자신의 삶의 목적, 시야, 충동 등 몸의 유지 활동을 통해 각자가 자신의 건강을 찾아야 한다.

> 질병의 정상적 과정은 정규적 식이요법과 함께 의사들에 의해 더욱더 포기되어야 한다. 그때에 가서야만 영혼 건강이나 질병에 관해 숙고하고, 자기 영혼의 건강 속에서 각각의 특별한 미덕을 발견할 시기가 도래하곤 할 것이다. 물론 한 사람에게 있어서 이러한 건강은 또 다른 한 사람한테서는 그 반대로 보일 수도 있다.
>
> • KSA 3 FW, 471

이처럼 니체는 의사들이 규정한 정상적인 섭생, 병의 정상적인 경과와 함께 정상적 건강이라는 개념은 상실될 수밖에 없다고 말한다.

> 병이란 건강에 이르려는 서투른 시도이다. 우리는 자연정신der
> Geist der Natur으로부터 도움을 받지 않으면 안 된다. •KSA 10 N, 218

니체에게 있어 병과 고통은 건강에 이르려는 자연의 시도이다. 다시 말해서 병 자체란 자연이 보내는 건강에 대한 내적 신호이다. 이 내적 신호를 통해서 우리는 생리적 불균형이나 심리적 부조화 상태, 삶의 잘못된 습관이나 자세를 점검하고 다시 건강을 추구하게 된다.

> 건강이란 ① 넓은 지평Horizont을 동반한 사고를 통해서, ② 화해
> 하고 위로하며 용서하는 느낌을 통해서, ③ 우리가 투쟁했던 악령Alp
> 에 대한 우울한 웃음을 통해서 고지된다. •KSA 9 N, 351

니체에 있어 진정한 건강은 "힘에의 의지"에 근거해서 세계를 조망하면서 자기화할 때, 타자와 화해하고, 타자를 위로하고 원한을 청산할 때, 일상과의 그릇된 관계에서 벗어나 자유정신이 될 때 획득된다.

2) 병적 고통에 대한 치유

니체는 쇼펜하우어의 영향을 받은 듯, 인간의 삶이란 고통으로 가득 차 있다고 말한다. 삶 자체가 유한성 속에서 이루어지고, 세계에 대한 인식의 한계에서 오는 좌절감에서 영위되고, 타인과의 상호 관계에서 오는 갈등으로 인한 고뇌 등으로 말미암아 고통으로 충만되어 있을 수밖에 없다는 것이다. 인간은 삶의 과정 속에서 지속적으로 고통을 겪는다. 니체는 이러한 근거에서 "삶이란 고문"이라고 말한다(KSA 10 N, 623). 그리고 그렇게 말하면서도 다른 한편으로 삶의 옹호자가 되기 위해서는 고통의 옹호자가 되어야 한다고 역설하기도 한다.

니체에게 있어 고통은 인간이 회피하거나 소멸시켜야 하는 부정적인 병리 현상이 아니다. 고통은 삶의 의미를 찾고 삶의 가치를 찾기 위해 반드시 겪어야 하는 필요악이다.

> 우리에게 주어진 삶이란 이런 것이다. 어떻게 살 것인가? 묻고 싶은 충동을 느끼지 않는가? 오직 커다란 고통만이 정신의 궁극적인 해방자다. 커다란 고통만이 시간을 끌면서 아주 천천히 그리고 길게 우리를 괴롭히는 고통, 마치 생나무 장작불 위에서 타는 것과 같은 고통, 오직 이러한 고통만이 우리 철학자로 하여금 우리의 심층의 마지막에까지 내려가게 한다. … 이러한 고통이 우리의 생각을 좀 더 심오하게 만든다는 것을 나는 안다.   • KSA 3 FW, 350

따라서 고통을 겪어 본 사람만이 세계의 깊이를 이해할 수 있고 삶의 현실을 직시할 수 있는 고귀한 자유정신이 될 수 있다.

> 깊이 고통을 겪어 본 인간에게는 누구나 정신적인 자부심과 구토감이 있다. 그는 자신의 고통 때문에 가장 영리하고 현명한 자들이 알 수 있는 것보다 더 많이 알고 있다고, "그대들은 아무것도 알지 못한다!"라고 말할 수 있을 정도로 멀고도 무서운 많은 세계를 잘 알고 있고 언젠가 그곳에 '머문' 적이 있다는 전율할 만한 확신을 가지고 있었으며, 이 확신이 온몸에 젖어 들어 이로 채색해 버린 것이다. … 깊은 고통은 사람을 고귀하게 만든다.　• KSA 5 J, 225

고통을 겪은 사람은 비바람을 맞으며 장구하고 말없이 엄격하고 외롭게 서 있는, 더없이 유연한 데다 장엄하기까지 한 소나무와 같은 사람이다(KSA 4 Z, 305). 그러므로 니체는

> 고통받는 모든 사람은 내게는 의사들이다!　　• KSA 10 N, 21

라고 말한다. 고통과 병 속에서, 사물의 이면에 감춰진 다른 삶의 의미를 볼 수 있는 새로운 인식이 가능해진다(생명과 치유, 387).

> 오랫동안 끔찍할 정도의 고통에 시달렸음에도 불구하고 지성이 흐려지지 않는 병자의 상태는 인식의 획득을 위해 가치가 없지는

않다. … 무서운 병고에 시달리는 사람은 자신의 상태에서 섬뜩할 정도로 냉정하게 세계를 내다본다. … 고통에 저항하려는 지성의 엄청난 긴장은 그가 보는 모든 것으로 하여금 이 새로운 빛 속에서 빛나게 한다.

• KSA 3 FW, 104-105

니체는 병적 고통에 시달린 사람이야말로 병과 건강에 대해 예리한 감수성으로 이해하며, 삶의 현실에 대해서도 깊은 실존적인 조명을 감행할 수 있다고 주장한다. 예술가나 작가와 같은 창조적 작업에 종사하는 사람들에게서 우리는 이러한 사실성이 두드러지게 나타남을 경험한다. 특히 예술가나 작가에게서 엿볼 수 있는 특별한 고뇌와 아픔을 니체는 "창조적 고통으로서의 병die Krankheit des schaffenden Schmerz"이라고 말한다.

니체에 있어 고통과 병은 소멸시켜야 하는 부정적 요소가 아니라, 삶의 철리를 깨닫게 해 주는 긍정적인 요소로 이해되고 있다. 그러므로 그는 다음과 같이 말하고 있다.

근심, 권태, 욕망, 나약함, 야만성, 복수 결핍, 상실, 병 등도 영혼을 치유하면 고양, 쾌활함, 평온 등이 삼위일체가 된다. 즉 진정한 기쁨이 될 수 있다.

• KSA 3 M, 179

니체에 있어 병에 대한 근본적인 치유의 방책은 무엇인가?

니체는 음식을 통한 육체적인 섭생과 자연에 의한 자기치유를 근본적인 치유 방책이라고 역설한다. 그는 현대인의 질병은 잘못된 섭생·습관 이른바 돈으로 자신의 신분을 과시하는 자본주의적 삶의 태도에서 비롯한다고 비판한다.

> 나쁜 섭생die schlechte Diät에 대한 반대— 쳇, 호텔에서든 사회의 상류층이 사는 곳에서든 현재 사람들이 하는 식사를 보면 가관可觀이다! 크게 존경받을 만한 학자들이 모일 때조차 그들의 식탁은 은행가의 식탁과 동일하게 채워진다. '다량으로' 그리고 다양하게, 이것이 규칙이다. 그 결과 요리는 인상을 주기 위해 만들어질 뿐 영양까지 고려해 조리되지는 않는다. · KSA 3 M, 179

니체는 섭생론의 자기치유 과정에서 병의 체험이 자신을 더욱 건강하게 만들 수 있다는 사실을 깨달았다. 니체 자신이 자기의 심각한 편두통(일주일에 1, 2회 닥치는 편두통은 그를 기진맥진하게 만들거나 거의 혼수상태로 몰아넣기까지 했다), 위병, 눈병을 자기 스스로 치유하기 위해 공기 맑고 물 좋은 알프스Alpen의 오지며, 소렌트Sorrent, 라팔로Rapallo, 포르토피노Portofino, 니스Nizza, 타우텐부르크Tautenburg, 실스마리아Silsmaria의 아름답고 고요한 바다와 숲의 도시들을 찾아다녔다. 그는 이러한 휴양 도시에 수개월씩 머무르면서 집필하고 사유하는 과정에서 섭생을 통해 심신치유를 시도했다.

> 의사여, 너 자신의 병을 고쳐라. 그렇게 하는 것이 환자에게 도

움을 줄 것이다. 환자가 그 자신을 치유한 경험을 지닌 자를 직접
보도록 하는 것, 그것이 그 환자에게는 최선의 도움이 될 것이다.

• KSA 4 Z, 100

3) 자기창조의 제1단계로서 병의 발견

니체에게 있어 자기의 병은 세계 장애의 형이상학적 원칙에 대한
구체적인 표현이 된다. 모든 개인은 자기 자신의 한계에 마주치며,
덧붙여 말하자면 자기의 환경에 의해 가해진 재촉들에 마주친다.
다시 말해서 모든 개인은 자기와 자기의 실현을 가로막는 장애에 직
면한다. 중요한 것은 이러한 장애들에 대한 부정이 아니고, 이 장애
를 극복하고, 이 장애에 대항하여 우리의 힘을 시험하는 데 따르는
그 장애들의 긍정적인 양상이다. 이와 같은 장애들을 극복한다는
것은 자기실현의 과정의 본질적인 부분이다(HJN, 26).

이러한 장애들은 개인의 힘에의 의지에 대한 직접적인 도전이다.
니체가 이러한 장애들에 대응하는 태도는 냉혹하다. 그는 합리적인
대응을 지지하지 않는다. 차라투스트라가 말하고 있는 바와 같이 "삶
은 견뎌 내기 어렵다. 그러나 부드럽게 행동하지 않는다"(KSA 4 Z, 153).
여기서 보여 주고 있는 그의 입장은 모든 것을 다 써 버리는 힘에의
의지이다.

이 이론은 고귀성에의 호소, 세계 장애에 대항하는 우리의 힘에
의 도전이다. 만일 우리가 극복할 수 없다면 적어도 우리는 실패한

다. 때때로 니체는 자기의 편지에서 "인간적인 너무나 인간적인"이라는 양식으로 그의 고통을 몹시 한탄하고 있다. 그럼에도 그가 자기의 고통과 계속 싸우고 있으며, 정신붕괴의 바로 그 순간에 이르기까지 자기의 고통을 극복하고자 시도하고 있었다는 것은 분명한 사실이다. 니체는 비틀거렸지만, 결코 굴복하지는 않았다.

이러한 근본적인 이론으로부터 니체는 정신적일 뿐만 아니라 육체적인 차원의 힘과 건강을 통해서 창출한 그의 전 철학을 발전시켰다. 몸의 병이 있는 것과 마찬가지로 정신의 병도 있다. 윤리에 관한 니체의 작품들은 도덕적 병리학에 관한 교과서로서 간주될 수 있다. 특별히 유독한 정신의 질병이 있으며, 하물며 그 질병의 희생이 되는 가장 강력한 인간들도 있다. 차라투스트라가 자아를 완성하기 위해 투쟁하는 과정에서 자기 자신을 회복기의 환자로 기술하고 있다는 것은 아주 의미심장하다.

위버멘쉬에로 나아가는 도상에 있는 위대한 개인조차도 자기의 문화병으로 괴로워하며, 자기 자신을 극복하기 위해 근본적인 치유를 시도하지 않을 수 없다. 따라서 힘의 이론과 힘에의 의지는 냉혹할 정도로 위버멘쉬 이론에로 나아간다. 위버멘쉬로서 인간의 가능적 고귀성과 탁월성이라는 완전한 관념은 개인이 투쟁하고 개인의 선천적 약함뿐만 아니라, 문화에 의해 필요조건이 된 약함까지도 극복할 수 있는 가능성에 의존한다.

이 완전한 관념은 인간이란 그의 환경에 좌우되지 않는다는 것을 전제로 한다. 다시 말해서 인간이란 그의 환경을 통해서 그리고 그의 환경을 무릅쓰고 자기 자신을 창조할 수 있는 자유를 가진다는 것을 전제로 한다. 여기서 다시금 우리는 니체의 인간 개념과 예술의 가능적 자기 창조적 활동으로서 인간의 그리스적 개념 간의 유사를 감지한다. 이러한 자기창조에 있어 제1단계는 병의 발견이다. 따라서 치유가 성취될 수 있다. 그것이 우리가 지금 고려하지 않을 수 없는 병이다.

제5장

야스퍼스가 본
안티크리스트로서 니체

frenemy

니체에게 있어 현대 유럽에서 가장 위험하고 가장 무서운 병은 기독교였다. 야스퍼스는 역사적 인간으로서 예수에 대한 니체의 태도와 크리스트Christ로서 예수, 그리고 세계 역사에 미친 예수의 영향에 대한 니체의 태도를 구별하는 데 신중하지 않으면 안 된다고 주장한다. 니체는 예수의 인격에 있어 찬미해야 할 것들, 특히 그의 무정부주의, 그의 친절, 그의 위선에 대한 증오를 보았다.

그러나 니체는 이 지상적 삶에 대한 예수의 소극적인 부정적 태도를 거부했다. 니체는 예수의 이러한 태도를 힘에의 의지의 전도로 간주했다. 궁극적으로 니체는 예수의 적대자이면서도 예수가 자기의 삶의 상황으로부터 행동함에 있어 구현된 정직을 존경한다. 니체에게 있어 예수의 궁극적인 죄는 동정에 의한 자기극복을 인정하는데 있었다. 따라서 니체는 지상의 지배와 죽음의 저편의 삶에 있어 특별한 지위를 굴종적인 사람들에게 약속한 선각자가 되고 있다.

신에 대한 차라투스트라의 비평은 또한 역사적 인간으로서 예수에게도 적용된다.

아무튼! 이렇게 아니면 저렇게, 이렇게 아니면 저렇게 신은 가 버렸다! 그는 내 귀와 눈의 취향에 거슬렸다. 더 나쁜 말은 삼가련다.

• KSA 4 Z, 324

차라투스트라는 또한 동정에 대해서 경고하고 있다.

사람들은 자신의 마음을 굳게 지켜야 한다. 그것이 떠나도록 내버려 둔다면 두뇌로 얼마나 빨리 달아나 버리는가!

동정하는 자들에게 있어서보다도 더 큰 어리석은 일이 이 세계 어디에서 일어났던가? 그리고 동정하는 자들의 어리석은 일보다도 더 큰 고통이 이 세계 내에 있는 것인가?

자신의 동정을 뛰어넘어서 있는 더 높은 것을 아직도 갖고 있지 못한 모든 사랑하는 자들을 슬퍼하라!

언젠가 악마가 나에게 이렇게 말했다. "신 또한 자신의 지옥을 가지고 있다." 그것은 인간에 대한 신의 사랑이다. 그리고 최근에 나는 악마가 이런 말을 하는 것을 들었다. "신은 죽었다. 인간에 대한 동정 때문에 죽었다."

그러므로 동정을 경계하라. 동정으로부터 인간들에게 무거운 구름이 몰려온다.

• KSA 4 Z, 115ff

니체에게 있어 동정은 개인의 힘에의 의지에 대한 가장 큰 위험이었다. 야스퍼스는 니체에게 있어 기독교의 구세주 —본질적으로 말해서 바울의 창조물— 는 전혀 다른 문제라고 말한다. 왜냐하면 기독교에 있어 예수를 모델로 한 선이라는 것조차도 곡해되고, 자기네들보다도 우월한 사람들을 지배하기 위해 나약한 자들에 의해 이용되고 있기 때문이다. 니체가 민주주의, 사회주의, 자유주의에 있어 또한 반대하는 부분이 바로 후자의 논점이다. 니체는 이 민주주의, 사회주의, 자유주의를 본질적으로 기독교의 역사적 발전에서 비롯하는 것으로 보고 있다. 니체는 이러한 곡해를 평등에의 의지der Wille zur Gleichheit라고 부른다.

> 영혼에 현기증을 일으키는 너희들에게 비유를 들어 말한다. 너희들 평등을 설교하는 자들이여! 내가 보기에는 너희들이야말로 타란툴라이며 숨어서 복수심을 불태우고 있는 자들이다!
>
> 그러나 나는 이제 너희들의 숨어 있는 곳을 온 세상에 밝히겠다. 그러므로 나는 너희들의 얼굴에 나의 고귀한 웃음을 웃어 주겠다.
>
> 나는 너희들의 거미줄을 찢어 내겠다. 너희들의 분노가 너희들의 거짓의 동굴 바깥으로 꾀어내고 너희들의 복수가 너희들의 '평등'이라는 말의 배후에서 끄집어내기 위해서 '인간은 복수로부터 구제된다는 것' : 그것은 나에게는 최고의 희망에 이르는 다리이며 오랜 폭우 후에 생기는 무지개이기 때문이다.　　• KSA 4 Z, 128

차라투스트라에게 정의는 다른 진리를 뜻한다.

나는 평등을 설교하는 이러한 자들과 혼합되고 혼동되는 것을
바라지 않는다. 정의가 나에게 이렇게 말해 주고 있기 때문이다.
인간은 평등하지 않다.   • KSA 4 Z, 130

니체는 종교적·사회적 측면에서의 평등의 선각자가 근본적으로
복수에 의하여 유발되는 것으로 간주한다. 인류평등주의적 정열은
우월을 분쇄하고자 하는 충동, 즉 모든 사물들을 획일화의 수준에로
환원시키고자 하는 충동이다. 그러므로 그것은 악의 없는 범용이
다. 기독교의 미덕은 최고선에 대한, 죄인의 벌에 대한 관심을 끌어
들임으로써 죄인의 영혼의 구원을 허용한다.

그러나 실제로 그 동기는 최고선의 증진이 아니고, 그 반대로 인
간의 기초적 정열에의 탐닉(복수에의 탐닉), 즉 우월한 것을 떨어뜨
리고 파괴하고자 하는 욕구이다. 니체는 이것을 '힘에의 의지'에 대
한 곡해로 간주한다. 다시 말해서 니체는 이것을 나치Nazi 독일의 파
시즘Fasicm에서, 공산인민민주주의에서, 그리고 미국 자본주의의 유
사-인류평등주의the Pseudo-egalitarianism of American Capitalism에서 경험했던
곡해로 간주한다.

니체는 자유주의, 사회주의, 민주주의 속에서 ─이러한 정치제도
가 아무리 반기독교적인 포즈를 취한다고 하더라도 본질적으로─
스스로를 이완시킨 기독교의 결과를 본다. 이들 정치제도 속에서
기독교는 계속 살아간다. 기독교는 기독교에서 파생된 편리한 허

위에 의해서 세속적인 형태로 보존되고 있다. 철학, 도덕, 근대적 휴머니티, 특히 평등에의 이상은 기독교의 숨은 이상이다. 약자는 약하기 때문에 도움을 받아야만 한다는 것, 오직 상위등급에 있는 인간들에게만 가능한 모든 것에 대한 권리를 생리학적으로 보아 인간으로 존재하는 이들에게도 이들의 존재가 현존한다는 것 자체만으로도 정당화된다는 것, 근본적으로 이념들이 생동하는 이들에게만 주어진 것들을 멍청이들과 정신적인 것에 낯선 이들 모두가 배워야만 한다는 것, 인간은 단지 현존한다는 점 때문에 다른 존재에 대해 절대적 우위를 갖는 것이지 인간 속에 있는 내용들이나 열정이나 참됨이나 바람 때문에 우위를 갖는 것은 아니라는 것, 모든 이들에게 모든 것이 가능하기라도 한 것인 양 허상을 허용해야 한다는 것, 인간에게 수동적으로 주어진 것들의 고됨을 인정하지 않는 것, 결단난 일에 승복하지 않는 것, 현실적으로 언제나 진행되고 있는 생존투쟁에서 자신의 현존과 힘을 지키고 승리하기 위한 수단으로서만 정신성과 이상주의적 생각들을 사실상 이용한다는 것, 이로써 모든 것이 거짓이 된다는 것 등은 니체가 보기에 고대 후기와 유대주의와 기독교에서 행해진 근원적 변질 작업에서 생산된 것들이다.   • NUC, 31ff

이 비평은 니체가 힘에의 의지를 정치적·경제적 간계를 정당화하고자 어떤 기획의 토대로서 이용할 의향이 결코 없었음을 시사하고 있다. 힘에의 의지와 위버멘쉬 이론은 근본적으로 개인적 인간 존재의 가능적 능력의 정신적 전재를 지향하고, 그리고 '위대한 정치'의 의미에만 적용되는 형이상학적 능력이다(HJN, 29). 이 '위대한 정치'의 개념을 니체는 근본적으로 그리스인들로부터 끌어내고 있다. 물론 이 입장에는 함축적인 것으로서 사회적 상호작용 이론이 있으며, 우리는 그 이론에 대한 해설과 그 이론의 파급 효과에 관심을 갖는다. 그러나 여기서 중요한 것은 힘에의 의지라는 형이상학적 이론이란 생득적으로 가치 경향을 수반하지 않는다는 인식이다. 즉 힘에의 의지는 본질상 선도 악도 아니다. 그것은 개체적 표현에서 이럴 수도 저럴 수도 있다.

니체의 반기독교는 그가 늙은 교황으로 하여금 차라투스트라에게 다음과 같이 말을 하게 할 때 니체 자신이 깨달은 바와 마찬가지로 종교적이다.

나는 무슨 말을 듣고 있는가? 여기서 귀를 쫑긋 세우고 있던 늙은 교황은 말했다.

"오, 차라투스트라여, 너는 이와 같이 신앙이 없으면서도 네가 생각하는 것보다는 훨씬 더 경건하다. 너의 내면 속에 어떤 신이 있어 너로 하여금 신을 믿지 않도록 만든 것이다.

너로 하여금 어떤 신도 더 이상 믿지 못하게 하는 것, 그것이 너의 경건성이 아닌가? 너의 매우 큰 정직성이 너를 선악의 저편으로 데려가리라!"

• KSA 4 Z, 325

야스퍼스에 의하면 목사의 아들로서 니체의 가정교육은 심각할 정도로 종교적이었고 기독교에 대한 그의 점진적인 실망과 환멸은 기독교의 교리와 실제에 있어서의 깊이 새겨진 위선의 층이 가지고 온 결과다(HJN, 29).

> 기독교에 반대하여 넓은 영역에 있어 정당성을 인정받은 비난
> 을 반복한다. 이 비난은 13세기 이후부터 저 먼 동양에서 오고 있
> 다. 기독교인들은 그들이 가르치는 것을 행하지도 않고 그들의 신
> 성한 책들이 말하는 것도 행하지 않는다. 니체는 그것을 다음과 같
> 이 표현한다. "불교도들은 비불교도들과 다르게 행동한다. 기독교
> 인들은 모든 세상사람들과 똑같이 행동하며 의식儀式과 기분으로
> 서의 기독교를 소유하고 있다."   • NUC, 36

니체에게 기독교는 종교적이라고 하기에는 충분하지 않다. 그의 많은 비판은 정확히 말해서 심오한 기독교인인 키르케고르의 비판과 비교된다. 사실 니체가 찬양하는 많은 미덕들은 기독교적 태도의 원시적 실체에서 발견될 수 있다. 그러나 19세기의 기독교에 대한 니체의 반응은 극단적일 정도로 심각하다.

무수한 변화와 함께 복수 및 경건이라는 두 가지 테마는 역사적인 기독교에 있어서의 심리적인 토대를 제공하며 니체의 눈에는 확실히 마키아벨리Machiavelli적이다. 기독교는 인간의 기초적인 욕망을 첫째, 가장 위험한 환상에 호소함으로써 평등을, 둘째, 개체적 힘에

의 의지에 대한 왜곡을 통해서 기독교인에게 기독교인은 하느님으로부터 선택을 받은 사람이라는 것을 가르침으로써 이용하고 있다.

역사적 기독교의 세계관을 기초하는 동기 부여에 대한 니체의 분석은 심리학자로서 그의 위대한 통찰력을 드러내고 있다. 왜냐하면 차라투스트라조차도 복수와 경건의 거대한 힘과 씨름하지 않으면 안 되었기 때문이다. 니체는 근본적으로 지극히 마음이 상냥한 인간이었으며, 고뇌가 거의 변함없이 그를 움직였다. 그는 자기 자신의 내면 속에 경건 또는 동정의 숙명적 유혹을 예리하게 인지하고 있었다.

니체에게 있어 경건의 감정은 이중적인 위험을 숨기고 있다. 만일 경건에 굴복한다면 그는 개인으로서 자기 자신의 생성에 파괴적인 희생을 치름으로써 자기 자신의 힘에의 의지를 위험에 빠뜨린다. 이와 같이 경건이 타자의 잠재적인 고귀성과 힘을 격하시키며, 타자의 힘에의 의지를 위협한다. 왜냐하면 이 감정은 그 대상을 약함과 무력함으로 간주하는 태도를 야기하기 때문이다. 더욱더 나쁜 것으로는 그것이 일종의 거짓된 우월의 토대를 제공한다.

니체가 우월에 대해 말할 때 그가 경제적·사회적·정치적·종교적 또는 인종적 우월을 의미하는 것은 명백하다. 그의 우월의 개념은 개인의 삶의 상황과 다른 어떤 것보다도 그것의 정신적 성질에 집중한다. 즉 개인은 항상 그때마다 그가 존재하는 것보다 우월하고자 노력하지 않으면 안 된다. 그의 우월성은 결코 자기만족의 오만일 수 없다. 개인은 그의 힘과 약함을 인식하는 그 자신에 대한 엄격한 비평가이지 않으면 안 된다. 자기의 힘과 약함이란 그가 겸손한 유사 겸양을 오만과 마찬가지로 절박하게 기피하지 않으면 안 된다는 것을 의미한다.

기독교에 대한 가혹한 비난에도 불구하고 우리가 본 바와 같이 그의 철학의 배후에는 강력한 종교적 동기 부여가 있다.

이 종교적 동기 부여는 야스퍼스에 의하면 니체의 『차라투스트라』에 나와 있는 다음과 같은 시에서 감지된다.

명정酩酊, Das trunkne Lied

오, 인간이여! 조심하라.

깊은 한밤이 무슨 말을 하는가?

나는 잠을 잤다. 나는 잠을 잤다.─

깊은 꿈에서 나는 깨어났다:─

세계는 깊다.

낮이 생각하는 것보다 더 깊다.

세계의 아픔은 깊다.─

열락은─ 마음의 고뇌보다 더 깊다.

아픔은 말한다. 사라져 가라! 라고.

그러나 모든 열락은 영원을 의지한다.

─보다 깊은 영원을 의지한다!

• KSA 4 Z, 404

영원에의 동경은 니체의 영원회귀 이론의 실존적 기초이다.

종교에의 토대로서 충동, 즉 카오스Chaos로부터 코스모스Kosmos에로의 운동은 전체로서 수용된 니체의 철학에서 발견된다. 여기서 중요한 것은 니체 철학을 코스모스에서의 시도와 같은 것으로 이해하는 점이다. 인식론적으로 니체는 원근법주의로 철학함을 한다는 점에서 헤라클레이토스적인 철학자이다.

그러나 존재론적으로 니체는 헤라클레이토스 철학에서 발견할 수 있는 로고스Logos를 근원적인 토대로 삼지 않고 있다. 니체의 이와 같은 토대에 대한 탐구는 그를 영원회귀에로 인도한다. 그러나 영원회귀 이론의 현상은 단순히 존재론적 인식론적 연구의 결과 그 이상이다(HJN, 31).

영속과 영원에의 이러한 염원念願은 인간의 삶이라는 상황의 실존적 심리적 한계를, 즉 우리들 자신의 죽음을 항상 이해하고 받아들일 수 없는 불가능성을 드러낸다.

그러나 니체에게 있어서 영원회귀는 한결같이 존재 문제에 대한 완전히 만족스러운 해결이 아니었다. 자기 자신의 이론을 향한 니체의 태도에는 깊이 뿌리를 내리고 있는 부동성浮動性이 있다.

제6장

존재와 생성

frenemy

　니체에 있어 존재와 생성은 『힘에의 의지Der Wille Zur Macht』에서 발견된다. 니체의 우주론Kosmologie은 니체 사상의 중심을 구성한다. 이 우주론은 존재와 생성의 본질에 대한 물음을 검토하자마자 곧바로 명백해진다. 니체의 실재론은 ―모든 가치의 근거인― 그의 진리론의 근거이다. 다른 말로 해서 니체는 형이상학을 '제1 철학'으로서 접근한다. 니체의 형이상학은 신중하게 구별 지어야 하는 두 가지 국면을 지니고 있다(HJN, 48). 제1의 국면은 전통적인 형이상학적 개념으로서 존재와 실재에 대한 비판을 구성하는 비판적 또는 파괴적 국면이다.

　제2의 국면은 우리가 니체의 실재론을 그가 비판하고 있는 전통적인 개념들로부터 구별 짓기 위해 일컫고자 하는 니체 자신의 형이상학에의 적극적인 기여로 이루어져 있다. 니체의 실재 문제에 대한 생각은 논리와 합리성의 개념과, 즉 사상·개념화·범주화와 불가분리적으로 결부되어 있다. 전통적인 형이상학에 대한 니체의 비판은 우리가 소크라테스 이전의 철학자들Vorsokratiker, 특히 헤라클레이토스Herakleitos와 아주 유사한 점을 다시 한번 고려해 볼 만한 관심사이다.

> 우리는 오늘날 그리스 정신이 아낙시만드로스Anaximandros, 파르메니데스Parmenides, 엠페도클레스Empedokles, 데모클리토스Demoklitos, 아낙사고라스Anaxagoras에게서 세계 해석의 저 모든 원칙적 형식에로 접근해 가고 있다. 우리는 날마다 처음에는 당연한 일이지만 개념과 가치평가에 있어, 말하자면 그리스화化한 유령으로서 더욱 그리스적이 되어 가고 있다. 그러나 바라건대 언젠가 우리의 몸에 있어서도! 여기에 본질에 대한 나의 희망이 있다.   • WM, 286ff

니체는 형이상학이 존재, 실재, 진리 등의 범주들에 의해 미혹시켰다고 확신한다. 니체는 고전적 이원론적 세계관, 즉 현상과 실재 또는 생성과 존재의 이원론을 총체적으로 분명히 부정한다. 그러나 면밀하게 검토해 볼 때 니체가 전통적으로 이원론으로 간주했던 것을 헤라클레이토스와 파르메니데스의 종합을 이룸으로써 '변증법적 일원론'으로 바꾸고 싶어 한다는 것은 명백해지고 있다(HJN, 49).

> 생성에 존재의 성격을 부과하는 것― 그것은 힘에의 의지의 최고 형식이다.   • WM, 330

그러나 여기서 우리에게 남아 있는 문제는 '이와 같은 통일이 어떻게 가능한가' 하는 것이다. 이 통일의 열쇠는 시간이거나 또는 니체의 전문용어로 말해서 영원회귀 이론이다. 존재와 생성의 통일에 대한 근본적인 이해는 우리가 관여할 이 이론의 노작에 의존한다.

　전통적 형이상학에 대한 니체의 비판의 근거들을 면밀히 살펴보건대 니체는 전통적인 형이상학이 사상 자체의 본질에 근거한 근본적 기만을 그 기반으로 하고 있다고 확신한다.

　　존재하는 것을 가정하는 것은 사유하고 추론하기 위하여 필요하다. 논리학은 고정불변의 것에 적용되는 공식만을 취급한다. 그러므로 이러한 가정이 실재성을 증명할 힘을 가지고 있지는 않다. 즉 존재하는 것은 우리의 광학에 속한다. 　　　　　• WM, 354

　니체에게 있어 모든 사물들은 부단한 생성 가운데 존재한다. 영속과 지속의 모든 형식들은 명백하고 환영적이다. 즉 필요한 허구이다. 그러나 모든 형식들이 필요하다는 것은 그것들의 존재론적인 상태를 변화시키는 것이 아니다. 그 모든 형식들은 기만으로 남는다. 여기서 우리는 인간 존재의 존재론적 한계의 표현을 가진다. 즉 인간 인식이란 영속과 지속의 허구에, 다시 말해서 존재의 환영에 기초하고 있다. 이러한 점에서 우리는 니체의 형이상학적·인식론적 입장이 반反인간중심주의적이라고 말할 수 있다.

　　인식과 생성은 서로 배제된다. 그 결과 인식은 무언가 다른 것으로 바뀌지 않으면 안 된다. 즉 인식할 수 있는 것이 되게 하려는 일종의 의지가 선행되고 있지 않으면 안 된다. 일종의 생성 자체가 존재하는 것이라는 망상을 날조하지 않으면 안 되는 것이다.

• WM, 355

그럼에도 니체는 마치 우리의 실천적인 삶과 과학에 대한 추구를 위해서는 우리가 존재가 있는 것처럼 행동하지 않을 수 없다는 것을 인지하고 있다.

니체에게 있어 실재는 생성으로서 이해되고 있으며 존재는 우리가 사유하고 소통하기 위하여 창조한 개념적 환상으로 이해된다. 그러므로 논리는 우리가 개념화를 위해서 필요로 하는 일종의 필연적 오류가 된다. 그러나 여기서 우리는 다시금 전통적인 형이상학적 의미의 사상과 특별한 종류의 사상을 구별할 필요가 있다. 이 특별한 종류의 사상에 의해서 니체는 어떤 의미에서는 전통적인 형이상학을 넘어서며, 그것에 의해 필연적인 허구에 대한 진단에 이르고 있다. 니체는 자기 자신의 실재 개념을 확립하기 위해 이것을 넘어서고 있다. 우리가 여기서 기억해야 하는 것은 니체가 자기의 형이상학을 생성에 기초하고 있으며, 인식론은 이러한 근거로부터 유래하고 있다는 점이다.

1

니체의 형이상학에 대한 야스퍼스의 비판

야스퍼스는 니체를 특별한 이론에 의하여 해석하려는 모든 시도를 대단히 의심쩍어한다. 야스퍼스는 니체가 시종일관된 어떤 존재 이론을 가지고 있었다는 관념도 거부하고 대신 존재와 생성에 관한 니체 사유의 변증법적 양상을 강조한다. 그는 계속해서 니체 사상의 역동적인 양상에 관심을 가진다. 그러므로 그는 니체의 개념들보다도 니체의 철학함에 대해 논의하는 것을 좋아한다. 야스퍼스가 보여 주고 있는 존재와 생성에의 접근은 변증법과 모순에 대한 자기의 관념 또는 생각과 일치하는 해석 방법을 창출하기 위해 강조점을 바꾸는 경향이 있다는 점에서 특별하다. 야스퍼스는 니체가 시도하고 있는 존재에 대한 철학적 사유의 세 가지 양상을 인지하고 있다(HJN, 51).

> 비록 니체의 철학함이 생성에 집중하고 있다고 하더라도 그는 그 철학함을 중단하지 않고 ① 현존 내에서 삶의 지적 필요성으로 실천하고자 하며, ② 존재 자체를 목표로 삼는 그의 초월적 철학으로써, 그리고 ③ 그의 실존적 태도를 통해 철학함을 실천한다.
>
> • N, 350

첫째 양상은 필요한 또는 '삶을 보존'하는 허구들의 양상이다. 이러한 허구들은 부분적으로 니체의 형이상학, 인식론, 그리고 그의 철학적 인간학 간의 가교를 제공한다. 그러므로 이 허구들은 또한 형이상학 및 인식론의 반인간학적 관점 간의 가교다.

둘째 양상은 야스퍼스가 단편적斷片的인 것, 모순적인 것, 혼란스러운 것으로 간주하는 형이상학적인 양상이다.

셋째 양상은 야스퍼스가 적극적으로 강조하는 양상이다. 이러한 양상은 '실재적인 변증법'으로서 이해된 니체의 실존으로부터 시도된 해석과 관계한다. 때때로 우리는 둘째 양상인 형이상학적 양상과 관계를 가지기도 한다. 야스퍼스는 니체의 존재 개념을 본질적으로 모순으로서 해석하고자 하며, 이 모순을 니체의 형이상학 의미의 핵심에 있는 본질적인 형이상학적 모순이라기보다 니체의 실존적 심리적 상황으로부터 생기는 것으로 간주한다.

젊은 니체는 형이상학적 사상을 창출하고자 시도했다. "만일 모순이 참된 존재라면, 즉 생성이 가상에 속한다면 세계에 대한 심오한 이해는 모순을 이해하는 데 있다. 다음과 같은 물음이 생긴다: 모순과 대립이 존재 자체 가운데 있는가? 또는 그것들은 단지 실재적 실존이 없는 현상 형식에 불과한 것인가? 생성은 모든 대립을 해소하고 생성의 궁극적인 실재에 있어 모순은 지양止揚되고 있는가? 또는 생성은 가상이고 모순이 존재에 있어 궁극적인 실재인가?" 니체는 이와 같은 시원始原을 넘어서 저편으로 시종일관 계속

사유하지 않았다. 그러나 니체는 논리학과 형이상학에서 마주치
는 철학함의 이 영원한 근본 문제를 몇 번이고 되풀이해서 접했다.

• N, 391

이 인용문은 두 가지 이유 때문에 기묘하다. 먼저 야스퍼스는 니
체의 청년 시절의 비평을 대단히 진지하게 받아들이지 않고 있는 것
같다. 야스퍼스는 논리학에 대한 니체의 비평의 기묘함과 일관되지
못함을 반복해서 진술하고 있다. 그러나 니체는 1888년에 자신의
조각 글Fragment에서 다음과 같이 썼다.

모순에 대한 개념적 반대는 우리가 개념들을 형식화할 수 있다
는 확신으로부터, 즉 개념은 사물을 지시할 뿐만 아니라 그것을 이
해할 수 있다는 확신으로부터 시도된다.   • WM, 280

니체는 1887년의 조각 글에서도 역시 "형식화할 수 없는 것으로
서, 거짓으로서, 자기모순으로서 생성의 상태라고 할 수 있는 세계
의 특성"에 대해 썼다. 이러한 존재와 생성의 문제 그리고 이 관념들
을 형식화하는 '논리의 본질'은 야스퍼스 자신이 인정하고 있는 바
와 같이 니체에게는 영원한 관심이었다. 그런데 야스퍼스는 니체가
이 시원의 저편에 대해 일관되게 사유하지 않았다고 논평한다.

둘째로 위에 인용한 이 인용문에 있어 야스퍼스의 물음들은 단지
수사학적일 뿐인 것같이 생각된다. 그런데 니체가 실제로 이 문제

들을 결코 사유하지 않았다는 함축적인 시사가 있는 것같이 생각할 법도 하다(HJN, 52).

불행하게도 야스퍼스의 해석학적인 방법론은 실제로는 그가 처음 제공하고 있고 우리가 이미 스케치한 해석 이론에 충실한 것 같지는 않다. 야스퍼스는 자신의 해석의 이론적인 모델을 두 가지 중요한 방식에서 위배하고 있다. 이러한 위배는 계몽하고 고무하고 있는 야스퍼스의 기획을 결코 손상시키지는 않지만, 그것은 우리가 신중하게 그 기초를 검토하기까지 니체에 대한 어떤 해석도 그것을 받아들이는 것에 관하여 신중하지 않으면 안 된다는 것을 강조한다.

첫째, 이미 관찰한 바와 같이 야스퍼스는 실존 개념을 해석의 모델로 사용한다. 야스퍼스는 실존이 외부적으로 부과되기보다도, 내면적으로 전개되는 근거에서 하나의 모델로서 실존 개념을 정당화하고자 시도한다. 우리는 또한 이 해석이 야스퍼스의 실존과 니체의 실존 간의 변증법으로서 또는 보다 정확하게 말해서 니체의 실존을 야스퍼스가 그것을 해석하고 있는 것과 꼭 같이 이해하지 않으면 안 된다는 점을 주목한 바 있다. 야스퍼스는 실존 개념이 순전히 주관적이라는 점을 부정한다. 물론 실존 개념은 순전히 객관적이지 않다. 그러므로 그것은 해석의 문제이다.

야스퍼스의 해석학적 모델에는 추정적 해석이 숨겨져 있다. 그러나 어떤 사람은 야스퍼스의 니체가 그 자체에 있어 니체의 실존에 대한 해석이라고 주장할지 모른다. 만일 그렇다고 한다면 그 경우에 야스퍼스는 그의 해석의 다양한 국면의 토대로서 실존 개념에 합리적으로 호소할 수 없었을 것이다. 더욱이 니체의 형이상학적 개념들에 관해서 야스퍼스는 그것들을 매우 신중하게 받아들이는 경향이 있다. 야스퍼스는 이 형이상학적 개념들을 니체의 실존의 탈선이라고 시사한다. 실존 일반의 개념에 대한 명시와 해명, 그리고 니체만의 특수한 실존에 대한 해석의 기준은 야스퍼스의 실존 해석에 있어 결정적이다(HJN, 53). 불행하게도 야스퍼스는 이 문제에 직접적으로 부딪히지 않는다. 결과적으로 니체의 형이상학과 인식론의 영역에 있어서 야스퍼스의 태도와 비판은 다소 독단적이다.

야스퍼스의 두 번째 위배는 상당히 미묘하며, 모순 개념을 중심으로 일어나고 있다. 다시 말해서 여기에는 두 가지 문제가 제기된다. 첫째, 야스퍼스가 '실재적 변증법'이라는 표현을 사용할 때 그것은 '모순의 변증법'을 의미한다.

> 여하튼 해석의 과제는 모든 형태에서 모순을 찾아내는 것이다. 그렇게 모순을 찾아내는 것이며, 그리하여 이 모순을 필연성에서 경험하는 것이다. 우리는 때때로 모순에 부딪혀 당황하는 대신에, 오히려 모순성의 근원을 찾아내야 한다.　　•니체-생애, 17

이러한 제안이 단순히 일반적인 암시로서 제시되었다면 이 제안은 훌륭한 충언으로서 받아들여지지 않을 수 없지만, 실제로는 방법적인 원리로서 제공되지 않으면 안 된다.

니체의 모순의 변증법을 고려하지 않는 해석이란 불충분하다는 것은 사실이다. 그러나 니체 사유의 이러한 양태에 대한 야스퍼스의 지나친 강조는 니체의 사유를 축소하는 것이기도 하다.

이러한 모순에 관한 문제의 둘째 양태는 야스퍼스의 초월적 개념 사용과 관련하고 있다. 초월자는 야스퍼스 자신의 철학에 있어 중요한 역할을 하며, 실존 개념과 연결 고리를 제공하는 어떤 역동적인 함축을 수행한다.

2
니체의 존재 개념

야스퍼스는 여기서 니체의 존재와 생성의 개념을 해석하는 문제와의 관계에 자기 자신의 초월자 개념을 개입시켰다. 야스퍼스에 따른 니체의 존재 개념이란 무엇인가?

니체는 그의 형이상학적인 학설에서 존재 자체란 순전히 이 세상적인 것 그 이외에 아무것도 아니며, 그것은 본래적으로 존재한다고 진술하고 있다. 존재는 사물들의 영원회귀다. 이 영원회귀에 대한 통찰과 존재 의식, 행위, 경험에 있어 그 통찰의 결과는 신神에의 신앙의 장소에서 드러난다. 존재는 힘에의 의지다. 생기하는 모든 것은 힘에의 의지의 양태 그 이외에 아무것도 아니다. 힘에의 의지는 무한한 현상 형식에 있어 생성의 유일한 동력이다. 존재는 삶이다. 존재는 신비적인 상징인 디오니소스라고 불린다. 존재의 의미는 위버멘쉬이다.
• N, 428

그런데 존재란 사물들에 불과하다는 것이 어떻게 가능한 것일까? 야스퍼스에 따르면 그것은 니체의 존재 개념에 있어서의 모순의 결과이다. 존재 개념은 니체가 모든 전통적인 형식의 초월자에 대한 엄격한 비평가가 된 이래, 니체로 하여금 완전한 내재자內在者인 일종의 초월자를 긍정적으로 가정하도록 인도하고 있다.

야스퍼스가 니체에 대해 이러한 입장 및 해석을 시도함에 있어 다음과 같은 세 가지 항목을 상기해 보아야 할 것 같다(HJN, 54).

첫째, 야스퍼스가 시도한 실존에 근거한 해석은 철학적 인간학이라고 일컫은 니체 사상의 국면을 강조한다.

둘째, 야스퍼스 자신의 형이상학과 니체의 형이상학 간에는 중요한 불일치가 있다.

셋째, 야스퍼스는 니체의 존재 개념에는 모순이 있다고 확신한다. 그러나 하물며 야스퍼스조차 니체 철학에는 형이상학적 차원이 있다는 것을 부정할 수 없다. 야스퍼스는 니체가 초월자의 모든 형식을 거부하는 것으로 나타나고 있는 까닭에, 형이상학적 지평과 현세적인 지평을 구별하기 위해 그의 내재적인 초월의 개념에로 나아간다. 형이상학적인 지평과 현세적인 지평은 동시에 존재에 관한 니체의 사유에는 모순이 있다는 야스퍼스의 개념을 강화시켜 준다. 심리학자로서 매우 명민했던 니체가 형이상학자로서 유난히 서툴렀다는 것은 가능하다. 그러나 자기의 적극적인 삶을 통하여 지속했던 모순에 관한 니체의 발달한 사고가 형이상학적인 사상의 새로운 차원을 열고자 한 시도였을 뿐만 아니라 '형이상학 극복'의 기초를 준비하고자 한 시도였다는 것 역시 가능하다.

제7장

힘에의 의지

frenemy

1

형이상학의 기초로서 힘에의 의지

힘에의 의지der Wille zur Macht 이론은 니체의 형이상학에 대한 이해에 있어 중심이 된다. 그럼에도 이 이론은 반복적으로 그릇된 의미로 오해되어 왔다. 이 이론과 관련하여 우리는 다시 한번 니체를 ―소크라테스 이전 철학자들이 우주론자였던 것과 동일한 방식으로― 우주론자로서 만난다. 물론 여기에는 또한 의지의 형이상학이라는 일반적인 이론의 측면에서 볼 때 쇼펜하우어의 영향도 있다. 그러나 니체는 쇼펜하우어의 개념을 부정성과 염세주의와 관련이 있는 것으로 보고 거부했으며, 자신의 의지론을 우주론적인 긍정의 이론으로 변형시켰다. 거의 모든 소크라테스 이전 철학자들에 있어 근본적인 아르케arche, 근원는 역동적인 것으로 이해되었다. 즉 아르케는 차별의 힘으로서 고취되었으며, 삶의 약동은 근본적인 아르케를 특징화한 이 힘의 특별한 표시로서 생각되었다. 이것은 물활론이며, 이 의미에서 니체의 개념은 물활론적이다(HJN, 59).

니체에게 있어 힘에의 의지 이론은 형이상학의 기초다. 또한 그것은 근본적인 아르케의 궁극적인 표현이다. 즉 힘에의 의지는 가장 근본적인 형이상학적 의미에 있어 '존재하는 것'이다. 이 형이상학적인 힘의 이론은 일반적으로 이해되고 있는 바와 같이 '권력 정치'와는 아무런 관계도 가지고 있지 않다.

여기서 우리는 '아르케'로서 이해된 힘에의 의지 자체와 개성화된 존재로서 또는 니체가 말하고 있는 바와 같이 개성화된 '생성'으로서 힘에의 의지의 표현을 구별하지 않으면 안 된다. 형이상학적으로 생각할 때 힘에의 의지는 가치 문제와 관련 지을 경우 중립적이다. 다시 말해서 힘에의 의지 자체는 선도 아니고 악도 아니다. 즉 힘에의 의지는 단순히 존재할 뿐이다. 그러나 힘에의 의지의 개별화로서 인간은 가치평가 창조물로서 현존한다. 즉 인간의 생성은 본질적으로 인간의 생성의 목표로서, 니체의 위버멘쉬 이론에서 예증된 바와 같이 가치의 창조자로서 존재한다.

우리는 여기서 두 개의 상응하는 우주 의식이 있다는 것을 주목해야 한다. 형이상학적인 의미에 있어 힘에의 의지는 역동적인 원리뿐만 아니라, 구조적·규정적 원리이다. 인간은 개념화와 추상화에 의하여 카오스chaos에 질서를 부여한다. 즉 철학적·인간학적 우주의 의미를 부여한다. 정치적 질서, 사회적 질서, 종교적 질서와 같은 우주의 제2 개념의 아류형亞流型이 있다. 그러나 형이상학적 지평에서 볼 때 니체는 힘에의 의지로서 그의 우주 의식을 우주에 대한 기계적 물리학적 해석과 예리하게 대조시키고 있다. 따라서 니체는 다음과 같이 말한다.

물리학자들은 '참된 세계'를 자기 방식으로 믿는다. 즉 그것은 필연적 운동에 있어 모든 사람에게 동등하고 고정된 원자의 체계화이다. —그러므로 그들에게 있어 '가상의 세계'는 보편적인, 즉 보편적으로 필연적인 존재의 (각 사람마다 자기의 방식대로 접근할 수 있는) 측면에로 환원된다. 그러나 이로 말미암아 그들은 오류를 범하고 있다. 그들이 설정하는 원자는 저 의식의 원근법주의의 논리에 따라 추론된다— 따라서 그 자체도 또한 하나의 주관적 허구이다. 그들이 그려 내는 이 세계상은 철두철미하게 주관적 세계상과 본질적으로 다른 것은 아니다. 그것은 확대된 감관으로써 구성되어 있는 데 지나지 않으며, 우리의 감관으로써 구성되어 있는 것에는 변함이 없다. 그리고 그들은 결국은 자신들이 구성한 세계 속에서 어떤 것을 생각해 버렸으나 그 일에 유의하지 않고 있다. 그 어떤 것이란 저 필연적인 원근법주의이며, 이것 덕택에 모든 힘의 중심이 —인간에 있어서만이 아니고— 자기 자신으로부터 여타의 세계를 구성한다. 즉 자기의 힘으로 측정하고 촉지하고 형태화한다. … 그들은 원근법을 설정하는 이 힘을 '참된 존재' 가운데 포함하는 것을 망각해 왔다. 학술 용어로 말하자면 이 힘이란 주관 존재라고 언표해야 할 것 같다.　　　　　　　　　　　　　• WM, 430

2

힘에의 의지에 대한 야스퍼스의 비판적 해석

야스퍼스는 힘에의 의지에 대한 논의를 니체의 초기의 '세계 해석'에 대한 간단한 언급으로써 시작한다. 그리고 나서 그는 이 세계 해석을 힘에의 의지와 대조시킨다. 니체의 초기 입장은 전통적인 형이상학에 대한 그의 비판에 속한다.

> 니체는 전체의 모든 표상을 경고한다. "우리들 세계가 살아 있는 존재라고 사유하는 것을 경계하자. … 모든 것이 기계라고 사유하는 것도 경계하자. … 자연법칙이 있다고 말하는 것을 경계하자. … 세계가 영원한 새로운 것을 창조한다고 사유하는 것을 경계하자." 신神의 이 모든 그림자들은 현실적 존재를 어둡게 한다. 우리는 세계 내에 존재하며 세계 전체는 우리가 접근할 수 없는 전체로서 존재한다. • N, 297

야스퍼스의 이러한 입장은 니체의 존재 개념이란 모순에 불과하다는 자신의 확신을 부연하고 있는 것이다.

야스퍼스는 자신의 논의를 '삶'의 개념으로부터 힘에의 의지의 전개에 대한 간단한 고려로써 계속한다. 야스퍼스는 니체가 삶이 어디에 존재하든지 간에 힘에의 의지의 표현이 있다는 것을 관찰했다고 주장한다. 그러나 니체는 삶이란 단지 힘에의 의지가 자기 자신을 나타내는 하나의 방식에 불과하다고 진술한다. 야스퍼스는 이것을 진보와 발전으로서보다도 모순으로서 간주한다. 니체에 있어서의 모든 것을 모순의 렌즈를 통해서 보려는 경향과 개념적 억지 이론 및 전개의 가능을 무시하려는 경향, 이 두 경향은 아마도 야스퍼스의 해석 가운데서 가장 커다란 취약점일 것이다(HJN, 61).

왜냐하면 그것은 니체가 교의 같은 것으로 표현한 것을 야스퍼스로 하여금 되풀이해서 부인하도록 강요하고 있기 때문이다. 더욱이 그것은 니체 철학의 전체가 본질적으로 애매모호하다는 원리를 야스퍼스가 받아들이지 않으면 안 되는 그런 상황을 만들고 있다(Ebenda). 확실히 말해서 니체의 사상에는 애매모호함들이 있으며, 우리가 이 애매모호함들을 인지하고 있고, 그리고 이 애매모호함들을 설명하려고 시도한다는 일반적 암시가 있다. 그러나 니체 철학을 본질적으로 애매모호한 것으로 특징짓고 이 애매모호한 것을 방법적인 원리로서 채택하는 것은 지극히 의심스럽다.

무엇보다도 먼저 야스퍼스는 니체가 힘에의 의지를 구상화具象化하는 과오를 범하고 있음을 비판한다. 그러나 구상화에 대한 비판은 그 자체가 애매모호하다. 왜냐하면 '사물과 같은 것'의 개념은 애매모호하기 때문이다. 사실 니체가 힘에의 의지란 지각 대상과 같은 것이라는 점을 시사하는 것은 니체 철학 그 어디에도 없다. 니체는 힘에의 의지가 가지고 있는 생성 과정이라는 성격을 반복적으로 강조한다. 힘에의 의지는 역동적이다. 그것은 생성이다. 그러므로 확실히 말해서 힘에의 의지는 어떤 일상적인 의미에 있어서도 '사물과 같은 것'이 아니다. 그러나 개념 및 추상으로서 힘에의 의지는 통일과 영속을 암시하는 정태적인 그 무엇이다. 이것은 니체 자신이 잘 알고 있는 바와 같이 언어의 순수한 본질에 착근하고 있는 문제이다.

> 존재하는 것은 사유하고 추론하기 위해서 필요하다. 논리학은
> 고정불변의 것에 적용되는 공식만을 취급한다.　　　• WM, 354

그런데 이것은 '언어 논리학'의 근본적인 구조 '저편'을 전달하고자 하는 니체의 역할의 근본적 실험을 지시한다.

> 의지와 같은 것은 존재하지 않는다. 그것은 단지 오성의 단순화
> 한 개념이다.　　　• WM, 254

니체의 '전달하려는 실험들'을 강력히 강조하는 야스퍼스가 이 실험들을 전통적인 용어들로 평가하기를 고집하는 것은 기묘한 일이다.

야스퍼스가 힘에의 의지에 대해 가하는 두 번째 비판은 니체의 일원론이 변칙적인 '절대화'라는 점이다. 야스퍼스에게 있어 문제의 실재적 뿌리는 초월자이다. 야스퍼스는 초월자의 전통적인 개념에 대한 니체의 비판을 순수한 초월자 개념에 대한 완전한 거부를 의

미하는 것으로 이해한다. 우리는 야스퍼스가 "내재적인 초월자"로서 니체의 입장에 대해 말했던 것을 이미 주목했었다. 그러나 여기서 야스퍼스의 형식화는 더욱 강하며, 따라서 그는 내재자와 초월자의 완전한 분리를 암시한다. 야스퍼스가 스피노자의 일원론에 대해 행했던 바와 동일한 비판으로 나아가지 않고 있다는 것은 기묘하다. 야스퍼스는 힘에의 의지에 관한 해설이 근본적으로 불충분하다고 생각한다. 니체의 해설은 내재자 이론에 의해서는 파악될 수 없는 인간 실존의 국면을 빠뜨리고 있다.

니체 자신이 이러한 비판에 어떻게 반응할지 관찰한다는 것은 흥미진진한 일이다. 아마도 니체는 야스퍼스가 그의 초월자 개념으로써 은밀한 신학을 소개한다고 비난했을 것으로 생각해 봄 직하다. 여기서 야스퍼스의 판단들은 '내면적인 해석학'의 결과가 아니다. 오히려 야스퍼스의 판단들은 야스퍼스 자신의 형이상학에 뿌리를 박고 있다. 야스퍼스는 자기 자신의 특별한 초월자 개념과 '존재의 암호'를 니체의 입장에 대한 비판의 기초로서 이용하고 있다. 이것은 니체의 철학이, '니체의 기독교적 해석자에 의해 신봉된 신神'을 거부하고 있기 때문에, 불충분하다는 비난 가운데 내포된 미묘하고 섬세한 해석인 것으로 생각된다. 야스퍼스의 이러한 편향된 해석이 형이상학적 편향이라는 사실은 부인할 수 없다.

우리가 힘에의 의지 이론에 관한 야스퍼스의 결론을 존중할 경우 야스퍼스가 자기 자신의 형이상학 개념을 니체를 평가하는 데 투영하고 있다는 것은 더욱 명백하다.

힘에의 의지의 이론은 니체의 결정적인 형이상학이 아니고 광
범위한 존재 탐구에서 수행된 니체의 사상적 실험이다.　• N, 318

니체와 관련하여 모순의 변증법에 집중하는 해석학적 방법론에
대한 야스퍼스의 강조는 야스퍼스로 하여금 니체의 형이상학을 힘
에의 의지 이론과 조화로운 관계를 이루지 못한 방식으로 바라보도
록 하고 있는 것 같다(HJN, 64).

제8장

니체의 진리론

frenemy

1
진리의 절대성에 대한 부정

　니체의 진리론은 그의 철학적 극단론의 실례다. 이 진리론에서
우리는 니체 철학의 위기점을 발견한다. 니체의 인식론에서 우리는
새로운 형이상학의 토대를 구축하려는 시도를 포착한다. 니체 자
신은 그의 인식론을 원근법주의로 특성화하고 있다. 인간의 인식
은 항상 특별한 관점의 채택으로서 이해되며 이것은 과학적·문화
적·개별적 형식의 인식이다. 니체의 인식론은 그의 형이상학과 그
의 철학적 인간학 간의 일관된 연결을 제공하는 것 같다. 형이상학
적인 원근법주의 개념은 생성으로서의 힘에의 의지의 형이상학적
개념과 양립할 수 있다. 그러나 우리가 면밀히 들여다본다면 우리
는 전통적인 진리 개념에 대한 근본적인 비판을, 즉 니체 자신의 진
리 개념의 핵심에 있는 비판을 발견할 수 있다. 니체는 진리는 절대

적이라는 것을 반복적으로 부정하며 진리와 인식을 인간 존재가 그들 자신의 자기 영속화를 위해서 참조한 힘에의 의지의 형식으로서 바라본다. 1873년에 쓴 「특별한 도덕 의식에 있어서의 진리와 거짓」이라는 조각 글에서 니체는 진리에의 의지를 '필요한 삶을 유지하는 허구의 창조'로서 간주하고 있음을 명백하게 하고 있다. 이러한 허구는 인간의 힘에의 의지를 유지하고 증진시킨다.

우리는 전통적인 진리의 이론들과 니체의 진리 이론을 구별 지어야 할 필요성을 이해할 수 있다. 니체에 있어서는 근본적인 원근법주의, 즉 우주론적인 원근법주의가 있다.

니체의 전통적인 진리론에 대한 비판은 더욱더 진행되고 있다. 왜냐하면 궁극적으로 그 비판은 논리적 합리적 사고의 기초에 대한 공격으로 나타날 것이기 때문이다. 1887년 또는 1881년에 때때로 니체는 '모순법칙에 대한 그의 공격'을 결정적으로 공식화한다.

우리는 동일한 일을 긍정하거나 부정할 수 없다. 그것은 주관적 경험 명제이며, 거기에 표현되어 있는 것은 필연성이 아니고 단지 무능력에 불과하다. 아리스토텔레스에 따르면 모순의 명제가 모든 명제 가운데 가장 확실한 명제라고 한다면, 모든 논증이 거기에 귀착할 최후의 궁극적인 것이라고 한다면, 그 밖의 모든 공리의 원리가 그 속에 포함되어 있다고 한다면 그만큼 더 엄정하게 이 원리가 내세우는 여러 주장이 이미 어떠한 전제를 근거로 삼고 있는가를 검토해야 할 것이다. 현실적인 것, 존재하는 것에 관하여 이 원

리로써 무엇인가가 마치 그것은 다른 원리에 의하여 이미 알려져

있는 것처럼 주장되고 있다. 즉 반대의 술어를 그것의 탓으로 돌려

서는 안 된다고 주장되고 있거나 또는 이 원리는 반대의 술어를 그

것의 탓으로 돌려서는 안 된다고 말하고자 하고 있거나다. 그렇다

면 논리학은 참된 것을 인식하라는 명법命法이 아니라, 우리에게

대해 참이라고 불려야 할 어떤 세계를 정립하고 조정하라는 명법

이 되지 않을 수 없다. • WM, 352

　여기서 니체는 논리학과 논리학에 의한 인식은 합리적 사고와 상
호 소통을 목적으로 계획된 인간의 창조물이라고 강조한다. 이 점
에서 우리는 전통적인 사상과 니체의 사상을 구별한다. 니체에 있어
실재에 대한 사고는 인간 존재의 인식론적·존재론적 상황을 모순
을 통해서 규정하고 한계 짓는 사고이다. 비록 니체가 전통적인 형
식의 초월자를 거부하고 있다고 하더라도 그에게 있어서는 실재에
대한 사고인 초월적인 원근법, 즉 우주론적 원근법이 있다(HJN, 69).
이 초월자는 인식의 배경 '저편'으로 나아갈 수 있고, 그것은 삶을
유지하는 허구로서 그리고 파악할 수 있는 인간으로서 우리의 존재
의 가능성에 뿌리를 박고 있다. 우주론적인 원근법은 인간학적 원
근법의 진리를 파악할 수 있으며, 따라서 실재에 대한 이해를 성취
한다.

　그러나 이러한 실재 개념은 사고와 사상을 이간시키며, 따라서
니체의 형이상학, 인식론, 그리고 그의 철학적 인간학 간의 근본적

인 이원론을 가능하게 한다. 니체에게 있어 진리는 지각적이며, 진리 자체는 힘에의 의지의 표현이다. 그리고 인식은 인식에 대한 사고, 즉 삶을 유지하는 허구로서 진리에 대한 이해이다. 그러므로 사고는 진리를 획득하기 위하여 '모순의 법칙'에 대한 거부에 의존하는 까닭에 인간 존재의 인식론적·존재론적 상황에 돌이킬 수 없을 정도로 착근하고 있는 이원론을 야기한다. 그러나 힘에의 의지와 같은 인간의 삶은 철학적 인간학의 원근법으로부터 존재론적으로 필요한 '모순의 법칙'의 수용에 의존한다. 똑같은 원리가 여기서 생성으로서 존재 이론에서 작동하고 있다. 왜냐하면 사실 생성은 존재이며 생성은 단지 생성을 이해할 수 있는 존재론의 실체화를 필요로 하는 인간학적 지각에 불과하기 때문이다.

2

니체의 원근법주의적 진리론에 대한 야스퍼스의 해석

야스퍼스는 니체의 진리 개념에 대한 자신의 논의를 세 가지 주요 부분들로 나누고 있다(N, 176).

① 방법적 과학.
② 이론과 진리는 살아 있는 현존에 의하여 고안된 구조 가운데
그 존재를 가지고 있다.
③ 진리에의 무한한 열정.

과학적 진리의 개념은 근본적으로 니체의 실증주의적 국면에 속한다. 니체는 방법론적 국면에 집중하고 있으며, 이와 같은 방법의 적용으로부터 생기는 특수한 과학적 결과들로서보다는 제공하는 규율에 보다 더 많이 관심을 가지고 있는 것 같다. 니체가 진리에 대해 가지고 있는 관심의 이 부분이 지니고 있는 가장 흥미진진하고 가장 중요한 국면은 야스퍼스가 과학의 한계를 다섯 가지 명제로 요약하여 제시하고 있다는 점이다(N, 176).

(1) "과학적 실제 인식은 존재 인식이 아니다." 여기서 물론 니체는 이미 과학으로써는 이해할 수 없는 진리가 있다는 것을 암시하고 있다. 과학은 과학과 관계있는 이 사실들의 특별한 영역에 관심을 두며, 본질상 우주론적인 철학의 과제인 전체를 설명할 수 없다.

(2) "방법적인 확실성은 진리의 소유가 아니고, 진리에의 탐구"라는 것을 의미한다(N, 177). 여기서 우리는 진리에의 탐구가 획득된 진리보다 더 중요하다는 니체의 확신을 강조했다. 진리에의 의지는 본질적으로 니체의 새로운 종류의 철학함을 특성화하는 공공연한

변증법이다. 우주론의 초월적 원근법으로부터 포착된 것으로서의 진리조차도 변증법적으로 이해될 때만이 충분히 알 수 있다.

(3) "과학적인 확실성은 본래적으로 문제가 되는 것을 좌우하는 그런 확신을 제공하지 않는다"(N, 177). 니체에게 있어 충분한 확실성 또는 절대적 확신이란 결코 있을 수 없다. 인식의 인식, 즉 철학이란 그 가장 내부적이면서 가장 깊은 존재에 있어 영원히 역동적이라는 인식이다. 모든 절대적인 것은 철학적인 진리로부터 일반화한 원근법으로의 퇴보다.

(4) "과학적인 인식은 단순히 삶에 있어 어떤 목적도 설정할 수 없다"(N, 177). 과학이 성취하는 인식은 인간에게 이득이 될 수 있거나 또는 이득이 될 수 없다. 과학적인 진보와 인간의 진보 사이에는 필연적인 관계가 없다(N, 177).

(5) "과학은 과학 그 자신의 의미에 관한 물음에 답을 줄 수 없다"(N, 177). 과학의 의미는 삶과의 관계에서, 특히 인간적인 힘에의 의지와의 관계에서 이해되지 않으면 안 된다. 그런데 삶에 있어 의미가 있다면 이 의미는 과학에 의해서는 발견되지 않는다. 오히려 그것은 철학 분야에 존속한다. "철학자는 존재 전체가 나타나는 곳에서 자신의 과제를 발견한다. 그러나 과학은 개별자에 관한 방법적 확실성을 제공한다"(N, 182). 비록 과학이 철학과 관련한다고 하더라도 철학은 과학을 '넘어 저편'으로 가지 않으면 안 된다(N, 182). 왜냐하면 과학은 단지 가능한 원근법 또는 진리의 범위 내의 것만을 제공하기 때문이다.

야스퍼스는 니체의 진리관에 대하여 두 번째로 논의하고 있는 논점에서 '착각'으로서 진리 개념을 중심으로 집중하고 있다. 물론 이것은 이전의 철학적·신학적 절대적 진리 이론에 대한 함축적인 비판을 수반한 니체의 원근법주의 개념이다.

> 모든 인식은 인식하는 주관에 의해 제공된 존재 해석이다. 진리는 사유되고 확신되는 곳에서만 존재한다. 우리이면서 모든 존재인바 포괄적 존재로서 삶 가운데서만 발견된다. 그러나 여기서 진리는 대자적對自的으로 존재하는 것도 아니고 무제약적인 것도 아니고 절대적으로 보편적인 것도 아니다. 진리는 살아 있는 주관에 의하여 해석되는 세계 내에서 살아 있는 주관의 존재와 불가분적으로 결합되어 있다. 그러나 이 세계 자체는 그것이 우리에게 대해서 존재하는 바와 같이 생성의 시간적인 과정에 있어 우리와 함께 지속적으로 존재한다. • N, 184

인간의 인식이 그 본질에 의해서 규정되고 가능적 인간의 원근법의 사실성에 의하여 범위가 정해지는 통찰은 많은 철학자들에 의해 진술되었던, 즉 통찰되었던 인식이다.

야스퍼스는 또한 다음과 같이 이러한 견해가 니체로 하여금 진리의 '두 지평'을 구별하도록 강요하고 있다고 주장한다.

> 니체의 이와 같은 진술은 삶에 있어서는 도달할 수 없는 진리로

부터 삶을 촉진하는 인식을 오류로서 통찰할 때만 의미를 가질 수 있다. 이와 같은 진술에는 두 가지 진리의 개념이 있다. 첫째, 진리는 삶을 조건 짓는 오류이고, 둘째, 진리는 말하자면 그것에서 삶의 오류가 인식되는 척도에 이르기 위해 삶을 포기하지 않으면 안 되는 것처럼 삶으로부터 동떨어진 것으로 나타난다.　　•N, 186

이러한 제2의 개념이 소위 '진리'이다. 야스퍼스 또한 이 진리와 함께 삶의 원근법으로부터 획득된 인식이 아닌 일종의 인식이 있다는 것을 인정하고 있다. 야스퍼스가 지적하고 있는 바와 같이 진리의 개념은 약간의 곤란한 문제를 야기한다. 니체는 초월적 원근법을 암시하고 있기 때문에 그가 절대적인 진리를 단정적으로 긍정했다고 생각함 직하다. 그러나 우리는 특히 니체가 자기 스스로 모든 전통적인 절대적 진리 이론을 반복해서 비판하고 있기 때문에, 특정한 결론들에로 비약하지 않도록 매우 신중해야 한다. 이것은 니체가 진리의 본질에 대하여 다른 무엇을 전달하고자 한다는 것을 의심하는 방향으로 우리를 이끌어 간다.

여기서 우리는 니체의 진리 이론에 관한 야스퍼스의 논의의 제3 국면을 만난다. 야스퍼스는 니체가 궁극적인 진리를 긍정하는 어떤 이론도 받아들일 수 없다고 바르게 관찰하고 있다. 왜냐하면 이 궁극적인 진리는 니체의 철학함의 방향을 본질적으로 결정하는 변증법적 성격의 배신이기 때문이다.

진리에 관한 니체의 사고는 그것이 공식화를 필요로 하는 것을
거부하기 때문에 부단한 모습에 빠져 있을 수밖에 없다.   • N, 190

야스퍼스에 따르면 모순은 니체의 진리 개념이 되풀이해서 초월
자를 지시하고 있기 때문에 생긴다. 우리는 이미 이러한 사실을 주
목했고, 지금에 와서는 야스퍼스가 그것을 어떻게 해석하고 있는가
를 신중하게 검토하지 않을 수 없다.

니체의 이론이란 이미 존재하는 기존의 사태에 대한 이론이 아
니고 본질적 삶에 의하여 떠받쳐지는 본질적 진리에의 실존적 호
소를 표현하고, 둘째는 삶을 초월하는 존재 이해의 가능성을 표현
하는 철학적 수단이다.   • N, 190

제1 강조점은 물론 실존 개념과 관련한 것이다. 제2 강조점은 야
스퍼스의 의미에 있어서의 초월자로서 실존에 의한 제1 강조점에
대한 해석이다. 야스퍼스의 해석에 따르면 진리는 실존적 진정성의
개념과 같은 것으로 드러난다. 궁극적으로 진리는 실존 가운데 존
재하며, 본질적·실증적 개념으로서 실존은 야스퍼스에 의해 사용
될 때 이미 적극적인 형식의 초월자의 관념을 함축적으로 포함하고
있다. 야스퍼스는 니체가 이러한 진리를 향한 초월적 돌파를 시도
하고 있다고 확신한다. 왜냐하면 니체가 '이성을 해체한' 그 결과를
충분히 받아들일 수 없었기 때문이다(HJN, 72). 야스퍼스는 니체는

진실로 이 반대를 결코 해결하지 못했지만, 적어도 시적 의향의 이용을 통해서 진리를 지시했다고 확신한다. 야스퍼스에 따르면 진리는 그 본질상 불확정적임을 함축하고 있다.

> 만일 니체가 진리를 그 확정에 있어 생활에 필수불가결한 오류로서 본다면 모든 확정적인 진리에 대한 부정으로서뿐만 아니라 존재 자체와 접촉할 수 있는 가능성으로서 배경에는 항상 불가피적으로 진리 자체의 관념이 있다.
> 긍정적이면서 동시에 부정적인 이 진리는 모든 확정성을 넘어서 저편에 있는 한 그리고 또한 그것이 존재에 대한 인식으로서 나타날 수 있는 한 모든 형태로 ―오류와 결부된 현존으로선― 삶에 있어 위험이 되지 않을 수 없다. 그러므로 진리에의 의지는 삶 자체의 관점에서 볼 때 의심스럽다. • N, 225

만일 진리가 존재하지 않는 것이 진리라면, 진리는 삶에 대해 커다란 위험이다. 결국 진리는 가장 극단적인 허무주의의 결과로 나타난다. 따라서 모순의 핵심은 '진리가 죽음이다'라는 사실에 내재한다. 야스퍼스는 진리에는 긍정적인 국면도 있다고 주장한다.

> 진리의 열정은 근본적이면서 부단한 의심의 모습으로 현상의 모든 확실성을 소멸시킨다. 만일 초월자로서 진리가, 즉 완전히 불확실하며 불확실할 수 있는 진리 자체로서 거짓으로 꾸밀 수 없다

고 하더라도 세계 내 모든 진리는 거짓을 꾸밀 수 있다. 의심할 수 없는 현재적인 것의 역사성만이 진실하다. • N. 232

야스퍼스는 니체의 진리 이론에 대한 자신의 고유한 해석을 시도하고 있다. 야스퍼스의 이러한 해석은 니체의 철학적 사유의 개념을 철학적 인간학의 렌즈를 통해서 보아야 한다는 주장의 결과이다. 따라서 철학적 사유는 삶에 기초하지 않으며, 초월자의 기초에 있어서만 가능할 뿐이다.

위버멘쉬

1

위버멘쉬가 되는 길로서 자기극복

니체의 위버멘쉬Übermensch에 대한 통찰은 그의 철학에 있어 가장 매혹적인 국면들 가운데 하나다. 그뿐만 아니라 그것은 가장 오해되고 있는 국면들 가운데 하나이기도 하다. 우리는 위버멘쉬 이론으로써 니체 인간론의 다른 한쪽을 볼 수 있다. 우리는 니체의 위버멘쉬 이론을 가능성으로서 이해한다. 위버멘쉬에의 길에 이르는 제1단계는 우리가 이미 본 바와 같이 근본적인 허무주의의 극복이다. 이것은 새로운 가치를 창조할 수 있는 가능성을 열어 준다. 니체는 가끔 위버멘쉬를 창조하는 단계로서, 즉 자기극복의 도상에 있는 단계로서 지시한다.

그리고 생명은 이 비밀도 내게 직접 말해 주었다. '보라', 나는 항

상 스스로를 극복해야 하는 존재라는 비밀을 ···.   • KSA 4 Z, 148

비록 가치들의 일반적 구조와 체계가 있다고 하더라도 특별한 가치들이 자기 극복에의 투쟁과 관련하여 변증법적으로 결정된다는 것은 위버멘쉬 이론에 의하여 명백해진다.

> 벗들이여, 취향과 미각에 대해서는 이러쿵저러쿵 말할 게 아니라고 말하는가? 그러나 따지고 보면 일체의 생명이 취향과 미각을 위한 투쟁이 아니고 무엇이란 말이냐!
>
> 취향, 그것은 저울추이고 저울판인 동시에 저울질하는 자다. 저울추와 저울판 그리고 저울질하는 자와의 실랑이 없이 삶을 영위하고자 하는 일체의 생명체에게 화가 있을지어다.
>
> • KSA 4 Z, 150-151

여기에 니체의 가치의 토대가 있다. —"저울추, 눈금 그리고 저울질하는 자"— 그것은 단순히 '객관적'이지도 않고 또한 단순히 '주관적'이지도 않고 오히려 변증법적 관계이다.

차라투스트라는 위버멘쉬 이론의 교사이지만, 동시에 그 자신이 위버멘쉬의 도상에 있다. 여기서 다시 우리는 신중하지 않으면 안 된다. 왜냐하면 위버멘쉬에 이르는 단일한 길이라곤 없기 때문이다. 각자는 자기극복으로서 자기 자신의 길을 가진다.

이것이 이제는 나의 길이다. 너의 길은 어디 있는가?— 그러므로 나는 나의 길을 물었던 사람들에게 이렇게 대답했다. 모두가 가야 할 단 하나의 길은 존재하지 않는다고! • KSA 4 Z, 245

인간의 이 새로운 비전은 자유의 두 가지 형식에 의존하고 있다. 제1 형식은 허무주의로부터의 자유, 즉 초월자에 대한 믿음이고, 제2 형식은 창조에의 자유이다. 왜냐하면 그것은 자기극복이 가능한 의지와 가치평가로서 창조함에만 있기 때문이다.

위버멘쉬의 두 가지 위대한 덕들은 정직과 고귀성이다. 고귀성의 개념에 의해 우리는 가치평가의 부분적인 실마리를 주는 약간의 매우 미묘한 구별을 증정받는다. 위버멘쉬는 그의 적을 증오할 수 있지만, 적을 경멸하지는 않는다. 반대로 위버멘쉬는 적에 대해 당당하다. 그러나 경멸에조차 극복의 희망이 있다.

너희들이 경멸하고 있다는 것, 보다 고귀한 인간들이여, 그것이 나로 하여금 희망을 갖도록 한다. 위대한 경멸자들이 곧 위대한 숭배자들이다. • KSA 4 Z, 357

위버멘쉬는 또한 대중을 경멸할 수 있지만, 악의 있는 멸시일 수는 없다. 결국 경멸조차 자기의 위대한 적과 자기 자신과의 투쟁을 통해서 극복된다. 위버멘쉬는 다른 사람들에 대한 관심과 사랑을 느끼지만, 그는 모든 유혹들 가운데 가장 위대한 것, 동정에 빠질 수 없다.

니체는 정직에 지극히 높은 가치를 둔다.

> 너희들 고귀한 인간들이여! 그렇게 되지 않도록 조심하라! 오늘
> 날 나에게는 정직보다 더 소중하고 진귀한 것은 없다.
>
> • KSA 4 Z, 360

니체의 정직 개념은 힘과 풀 수 없도록 결부되어 있다. 자기극복
은 자기 자신에게 내린 엄격하고 엄정한 정직성에 기초한 자기명령
이고 자기순종이다. 자기극복은 자기나약과 자기한계에 대한 무자
비한 인식을 내포하고 있다.

말할 필요도 없이 이 정직은 또한 타자들과 자기 간의 관계에 적
용된다. 여기에 하나의 문제가 있다. 왜냐하면 니체의 기술은 항상
일관되지 않으며, 그 자신은 때때로 위버멘쉬가 하나의 전형이 아니
라는 것을 잊고 있다. 이들 다양한 기술로부터 우리는 위버멘쉬의
상을 믿을 수 없는 감성을 가진 인간, 그리고 무감각과 같은 일종의
단호함과 힘을 가진 인간으로 이해한다. 이것은 정신적 강박 관념
에 연결된 자신의 극단적인 감수성의 결과이다.

> 왜 철학자의 출현은 드물까? 철학자가 되는 조건에는 보통 인간
> 을 철저한 몰락으로 향하게 만드는 여러 고유성이 속해 있다.

1) 고유성의 엄청난 다양성: 철학자는 인간의 요약, 고급과 저급을 불문하고, 인간의 모든 욕망의 요약이지 않으면 안 된다. 즉 대립의 위험, 또한 스스로에게도 미치는 구토의 위험.

2) 철학자는 그지없이 다양한 측면에 대하여 호기심을 가지고 있지 않으면 안 된다. 분산의 위험.

3) 철학자는 최고의 의미에 있어서 올바르고 공정하지 않으면 안 되지만, 사랑과 미움(부정)에 있어서는 역시 깊지 않으면 안 된다.

4) 철학자는 방관자일 뿐만 아니라 입법자이지 않으면 안 된다. 즉 재판하는 자이고 재판받는 자(그가 세계요약인 한에는)이지 않으면 안 된다.

5) 극도로 다종다양하면서도 견고하고 냉혹하지 않으면 안 된다. 유연함.

• WM, 650

이 인용문에는 자전적인 것이 많이 있으며, 그것은 또한 자기 자신에 대한 니체의 예리한 통찰을 드러내고 있다. 그러나 1년 또는 2년 후에 그는 다음과 같이 쓰고 있다.

숭고한 인간은 가령 허약하고 부서지기 쉽다고 하더라도 최고
의 가치를 가지고 있다. 왜냐하면 전적으로 중후하고 흔하지 않은
사물이 풍부하게 수많은 세대를 통하여 육성되고 함께 보존되고
있기 때문이다.   • WM, 657

그러나 명백하고 또한 가장 중요한 것은 위버멘쉬가 되는 길이란
자기극복이라는 것이다. 자기극복은 미리 결정될 수 없지만 정직과
고결성의 덕을 수반한다.

2

자발성의 고귀한 형식으로서 창조

야스퍼스는 위버멘쉬에 대한 논의를 매우 흥미진진한 방식으로
마련하고 있다. 야스퍼스는 창조의 개념이 니체의 철학에 있어 절
대적으로 근본적이라고 주장한다. 야스퍼스의 해석은 특히 니체의
창조 개념 가운데 포함된 모든 다양한 의미와 의미의 수준을 지적하
고 있다는 사실에서 가치가 있다. 다른 어디에서보다도 여기 그의
해석에서 우리는 니체와의 유사성을 감지할 수 있다.

창조는 가장 고귀한 요구, 본래적 존재, 모든 본질적인 행위의

토대이다.

창조는 평가이다. … 창조는 신앙이다. 창조는 사랑이다. … 창조에는 절멸이 있다. … 모든 창조는 상호 소통이다. … 창조의 조건은 위대한 고통이고 무지이다. … 창조로써 본래적 존재가 획득된다.   • N, 150-151

야스퍼스가 지적하고 있는 바와 같이 우리는 실존적인 본래성의 개념의 기초를 가지고 있다. 사실 창조, 본래성, 자기극복 모두는 동일한 근본적인 과정을 기술하려는 시도들이다. 창조는 자발성의 가장 고귀한 형식이다. 니체는 하물며 유고의 마지막 조각 글에서 예술적 창조를 찬양하고 있다. 니체는 비록 값진 방식으로 창조의 개념을 이해하는 데 이르면서도 그의 발랄한 예술지상주의로부터 결코 벗어나지 않고 있다. 예술적 창조의 가장 고귀한 형식은 개체적 인간의 삶이 된다. 그리고 인간 자신은 미의 가장 고귀한 표현이 드러나는바, 한 덩어리의 대리석이 된다. 인간은 궁극적으로 가장 고귀한 예술의 노동이 된다.

'창조는 신앙이다'라는 진술은 오도될 경향이 있다. 왜냐하면 니체는 확실히 신학적 독단주의와 연계된 그 어떤 것도 의미하지 않았기 때문이다. 니체가 실제로 의미하는 것은 비전에 대한, 즉 '예언적 꿈에 대한 확신이다(N, 151). 상상적인 비전에의, 즉 가능성들에의 돌입은 진정한 창조와 불가분리적이다. 창조는 또한 새로운 것을 산출하고 옛것을 절멸시키는 사랑이다. 약간의 비평가들은 니체의 비평들을 넘어 저편을 볼 수 없었다. 따라서 그들은 단지 제1 국면만을, 즉 니체 철학의 파괴적 국면만을 이해하고 있었을 뿐이다. 그러나 니체에게 있어 "파괴"는 파괴되는 것을 넘어 저편을 창조하는 한에서만 정당화된다. 니체가 해머를 가지고 철학함을 하는 것은 단지 진정한 창조를 향하는 준비 단계에 불과하다.

고뇌함과 창조함 사이의 관계에 대한 니체의 주장은 자주 그의 철학에 낭만주의의 호칭을 얻게 했다. 카우프만Kaufmann은 이 견해에 대한 반론을 제기하며, 니체가 근본적으로 반낭만파라는 주제를 제시한다(KN, 277-278). 니체에게 있어 고뇌를 낭만적으로 묘사한다는 것은 데카당의 한 형식이다. 왜냐하면 고뇌란 —창조의 필요한 조건으로서 간주된다고 하더라도— 창조를 통해서 극복되는 것이기 때문이다. 니체는 베토벤Beethoven을 위대한 창조적 천재로서 간주한다. 그의 고뇌 때문에서가 아니라, 베토벤이 자기의 고뇌를 초월한 방식 때문이다. 창조는 또한 상호 소통이다. 왜냐하면 창조는 가장 고귀한 모범의 자기표출이기 때문이다. 이 모든 것에도 불구하고 야스퍼스는 창조의 개념이란 반드시 한계가 없는 것으로 존속한다고 말한다.

창조는 결코 개념화되지 않는 삶, 힘에의 의지, 영원회귀와 같은 니체의 철학함의 표지들 중에 하나다. … 니체는 창조를 항상 자명적인 것처럼 취급하지만, 결코 창조를 곧바로 테마로 삼고 있지는 않다. 니체는 창조의 본질을 전개하지 않고, 설명하지 않는다.

창조는 결코 의지의 가능적 목표가 아니다. 그러나 그의 형식화는 본래적으로 존재하는 것을 상기시키고 포착하려는, 아직도 불확실한 호소력을 가진다.   • N, 151

그러나 우리는 야스퍼스가 니체의 창조 개념을 이해할 수 없다고 말하고 있지 않다는 사실에 대해 신중하게 주목해야 한다.

야스퍼스는 상호 소통의 문제에 대해 지극히 민감하다. 그러므로 야스퍼스는 별도로 진술들을 검토함으로 해서 니체에 대한 진정한 이해에 도달한다는 것은 가능하지 않다는 것을 되풀이해서 강조하고 있다. 창조 개념은 완전히 지성적이지만, 단지 니체의 철학의 전체적인 맥락 속에서만 지적이다.

야스퍼스는 고귀한 인간der höhere Mensch과 위버멘쉬 간의 차이를 강조하고 있다. 고귀한 인간은 이미 역사 속에 나타났지만 위버멘쉬에는 아직 이르지 않았다.

니체의 이러한 시각에 고귀한 인간은, 부단히 위협을 받고 좌절하는 인간으로서 드러난다고 하더라도, 현존하는 것으로 나타난다. 고귀한 인간들은 외적으로나 내적으로 지극히 위험 속에 있다. 그들은 비상함에도 일상에 구속된 사회에서 파멸한다. 그들은 굴복하게 되고 우울해지고 병들게 된다. 베토벤, 괴테와 같은 강철의 인간들은 확고하게 버틸 수 있다. 그러나 그들에게 있어서조차도 또한 가장 지친 투쟁과 긴장으로부터 영향을 받고 있음이 나타난다. 그들의 호흡은 더욱 사라지고 그들의 말투는 쉽사리 너무나 거칠어진다. 사회는 무자비할 정도의 거대한 적이다.　•N, 163-164

　　이러한 조건들의 결과 고귀한 인간들조차도 경멸, 과민성, 움츠러듦, 조급함으로서 나타나는 자기 자신의 편협함의 희생이 된다. 이것은 니체를 고귀한 인간들이 진실로 자기극복의 과정에 몰두하는지 않는지 묻는 쪽으로 이끌어 간다. 이 물음에 대한 해답으로서 니체는 위버멘쉬 이론에 도달한다. 왜냐하면 분투하고 노력하는 것이란 조건들에 대한 부정적인 반응이라기보다도 오히려 자기극복의 근본적인 적극성을 가지지 않을 수 없도록 하기 때문이다.

　　이러한 통찰은 니체로 하여금 점진적으로 위버멘쉬가 채용하지 않을 수 없는 정치적·사회적 역할에 대한 그의 이해를 수정하는 방향으로 인도한다. 그의 사상의 초기에 니체는 위버멘쉬와 군중 간의 상호 관용의 관계 속에서 자기를 창조하는 존재로서의 자기 자신의 맥락에서 위버멘쉬가 현존하는 것을 허용하는 삶에 만족했다. 그러나 그의 후기 사상에 있어 니체는 사회적·정치적 제도의 본질을 변형할 수 있는 힘을 성취하지 않으면 안 된다는 것을 더욱 더 강력하게 믿는다. 따라서 위버멘쉬의 가능성은 현존의 조건들의 변경에 의존한다. 궁극적으로 위버멘쉬 이론은 새로운 종류의 인간성Humanität에의 비전Vision을 가지고 오며 동시에 미래의 입법자가 된다.

나는 철학자라는 단어를 특정한 개념과 결부 지으려고 오랫동안 시도해 왔지만 결국 도로徒勞에 그치고 말았다. —왜냐하면 많은 반대되는 특징을 발견했기 때문이다— 최후에 나는 두 종류의 철학자들이 있다고 인식하기에 이르렀다.

(1) (논리적 또는 도덕적) 가치평가의 그 어떤 무엇의 위대한 사실을 확립하고자 의욕하는 철학자.

(2) 이러한 가치평가의 입법자인 철학자. 전자는 다양하게 발생하는 것을 기호를 써서 총괄하고 간략화함으로써 현재 또는 과거의 세계를 자기 것으로 삼고자 시도한다. 그들이 명심하는 것은 지금까지의 사건을 개관하기 쉽게, 숙고하기 쉽게, 파악하기 쉽게, 다루기 쉽게 한다는 것이며—그들은 모든 과거의 사물을 그 미래의 유용성을 위하여 사용한다는 인간의 과제에 봉사하고 있다.

그러나 후자는 명령자이다. 그들은 "이러해야 한다"라고 말한다. 그들이야말로 '어디로'와 '무엇을 위하여'를, 유용성을, 인간에 유용한 것은 무엇인가를 결정한다. 그들은 과학적 인간의 준비적인 작업을 뜻대로 이용하는 것이어서 모든 지식은 그들에게는 단순히 창조를 위한 수단에 불과하다.　　　　　　　　• WM, 467

이러한 위대한 정치의 개념은 크게 오해되었다. 위대한 정치는 힘에의 투쟁이지만, 약간의 국가를 위한 투쟁이기도 하다. 국가 권력의 투쟁은 니체에 있어서는 증오이며 국가라고 일컫는 것, 즉 '새로운 우상der neue Götze'이다.

국가는 모든 냉혹한 괴물 가운데서 가장 냉혹한 괴물이다. 이 괴물은 냉혹하게 거짓말을 한다. 그리고 그의 입에서 "나 국가가 곧 민족이다"라는 거짓말이 기어 나온다.

그것은 거짓말이다! ⋯ 너희들이 국가를 숭배한다면 국가는, 즉 이 새로운 우상은 너희들에게 모든 것을 주려고 한다. 이렇게 하여 국가는 너희들의 덕의 광휘와 너희들의 자랑스러운 시선을 매수한다. ⋯ 좋은 사람과 나쁜 사람을 가리지 않고 모든 국민이 독을 마시는 곳, 그곳을 나는 국가라고 부른다. 좋은 사람과 나쁜 사람을 가리지 않고 자기 자신을 상실하는 곳, 그곳을 나는 국가라고 부른다. 모든 사람이 서서히 자살을 하고— '삶'은 바로 그런 것이라고 말하는 곳, 그곳을 나는 국가라고 부른다. • KSA 4 Z, 61-62

국가를 향한 니체의 태도는 거의 명료하다. 국가에 대한 찬양은 불완전한 허무주의의 위험들 가운데 하나다. 신神이라는 분쇄된 우상을 국가라는 우상으로 대신하고자 시도할 수 있다. 이상으로서 인간들 앞에 신神의 대리인들이 배열되고 동시에 편재하는 위험이 있다. 니체에게 있어 이것은 단순히 초월자의 한 형식의 다른 것으로의 대치에 불과하다. 그런데 만일 투쟁이 정치적 권력을 위해서가 아니라면 투쟁은 무엇을 위해서인가?

위대한 정치의 의미에 있어 정치란 눈에 띄지 않게 인간들을 형성하고 변화시키는 창조적 사상에 의해 투쟁하는 것을 의미한다.

진리는 현실적으로 권력을 위한 투쟁에서만 획득된다. 권력을 위한 투쟁에 있어 진리는 근원과 한계를 가진다.

니체의 위대한 정치는 ―그가 열망하고 있는 바와 같이 지금 신神이 없는 세계에서 고귀한 인간을 표현하고 창조하는― 새로운 지배자에 철학적으로 의미를 부여하고 그들로 하여금 자기 자신을 인지하도록 하는 과제를 내세운다. •N, 276

궁극적으로 위대한 정치는 창조적 가치평가를 지향하는 힘을 획득하기 위한 투쟁이 된다. 지금 현존하는바, 인간은 위버멘쉬를 지향하는 다리이다. 니체의 성숙한 사상에 있어 위버멘쉬는 이중적 의미에 있어서의 모델이 되고 있다. 즉 실존적 모델과 역사적 모델이 그것이다. 위버멘쉬의 개념은 개인에게 있어 자기 극복에 의한 실존적 직접성을 가지고 있으며, 동시에 아직도 미래의 인간성을 지향하는 모델로서 문화적 의미를 지니고 있다. 만일 우리가 인간을 힘에의 의지의 형식에서의 생성으로서 생각한다면 인간의 상황에 대한 어떤 진정한 이해도 생성으로서 그의 사회적 제도를 끌어안고 있지 않으면 안 된다. 사회제도의 정체와 경화는 자기극복의 엄청난 장애이며 위버멘쉬의 위대한 정치는 이러한 문제의 해결이다.

제10장

니체의 윤리와
일체 가치의 가치평가

frenemy

1

주인도덕과 축군도덕

　니체 철학의 본질적·변증법적 특성에서 본다면 윤리는 특별한 문제를 제공한다. 우리는 근본적으로 여기서 니체의 윤리의 일반 구조, 변증법적 성격 그리고 가치평가 이론을 설명하는 것에 관심을 둔다.

　니체 자신은 자신의 형이상학을 반의인화로서 특성묘사한다. 그러나 그의 윤리와 가치평가의 이론은 오히려 '과도한 의인화Hyper-anthropomorphic'로서 특성묘사될 수 있다. 가치평가 이론의 경향과 외침은 인간이 아직도 자기 자신에 대해 올바른 방식에서 진지하게 태도를 취하지 않고 있었음을 뜻한다. 왜냐하면 우리가 자기 자신에 대해 올바른 방식으로 진지하게 태도를 취한다는 것은 니체에게는 '즐거운 지혜' 자기 자신에 대한 황홀한 이해, 자기의 가능성들을 규정하는 제한적인 조건들에 대한 찬양을 의미한다. 우리는 니체가 하듯이 자기 자신을 인간학적 원근법과 우주론적 원근법 내에서의 원근법으로서 파악하고 있는 한에서만 진실로 인간이 될 수 있다. 이방식에서만 우리는 우리가 존재하는 바의 것이 될 수 있는 것이다.

니체는 도덕을 두 가지 기본적인 유형으로 구별하고 있다. 즉 노예도덕die Sklavenmoral 또는 축군도덕畜群道德, die Herdenmoral과 주인도덕die Herrenmoral이 그것이다(HJN, 139).

주인도덕은 대중, 즉 축군에게 자기의 의지를 부과하는 전제군주의 도덕이다. 전제정치에의 의지는 주인도덕이 아닌 축군도덕의 특성을 나타낸다. '금욕주의적 성직자' 유형은 비록 그가 지배한다고 하더라도 축군도덕의 변호인이다. 축군도덕은 원한에 의해 특성묘사된다. 원한은 궁극적으로 복수에의 의지에로, 즉 힘에의 의지의 부정적 표현에로 나아간다. 축군도덕에는 고귀한 자를 벌하고자 하는 강력한 욕망이 있다.

축군도덕 내에서의 도덕적 판단의 근본적인 토대는 '선'과 '악'의 대립이다. 반면 주인도덕에 있어서는 '선'과 '나쁨'은 대립이다. 주인도덕의 '선한'과 '선 자체'는 동일한 명칭을 가지고 있다고 하더라도 중요한 차이가 있다(HJN, 140). 축군도덕에 있어 악은 두 개념들 중에서 보다 근본적이며, 따라서 원한의 인간에게 선은 부차적이다. 자기보다 뛰어난 어떤 인간도 반사적으로 판단된 악한 인간이다. 축군도덕은 도덕적 비난에 대한 정당화로서 초월자라는 허구를 사용한다.

니체에게 이 축군도덕은 허무주의의 가장 터무니없는 표현이다. 주인도덕에 있어 선이라는 근본적인 개념은 고귀성과 정직이라는 덕으로부터 생긴다. 고귀한 인간은 고귀성을 존경하고 가치평가하며 그것을 억압하려고 시도하지 않는다. 오히려 그는 고귀성을 수용하며 변증법적 투쟁을 통해서 자기 자신을 보다 높은 수준에로 끌어올리고자 고귀성으로써 시도한다. 고귀한 인간에게 악은 '저속한 것', 즉 '비천한 것'이다. 비천한 것은 원한의 인간, 즉 인간말종에 의해 특성묘사된다.

고귀한 인간은 자기의 의지를 타자에 부과하려고 시도하지 않고, 오히려 자기 자신을 끌어올리고 타자 쪽에서 자기극복에의 요구를 일으키는 조건들을 창조하기 위해 변증법을 통해서 시도한다. '나쁜'이라는 판단은 억압적인 판단이 아니다. 그것은 변화와 같다. 주인도덕은 타자를 창조적 대화의 수준에까지 끌어올리고자 하고 있고, 따라서 이는 '이기주의적' 박애이다.

다른 한편으로 '악'이라는 판단은 파괴적인 충동에 의해 유발되며 고귀성을 인정하기를 거부한다. 악이라는 판단은 평등에의 요구이다. 축군도덕에 있어 대립은 악이지만, 반면에 주인도덕에 있어 대립은 단지 선일 뿐만 아니라 필수불가결한 것이기도 하다. 대립은 성장에의 조건, 즉 창조하는 저편 자체이다. 니체에게 있어 축군도덕과 주인도덕의 개념은 해석의 모델이다. 니체는 우리가 실제로 항상 축군도덕과 주인도덕의 혼합을 발견한다는 것을 충분히 인지하고 있다(HJN, 141).

니체에게 있어 정의는 인간들이란 평등하지 않다고 가르친다. 자신의 능력의 저편에 있는 것을 열망한다는 것은 자기파괴적이고 원한을 낳는다. 원한은 또한 고귀한 인간들에 대한 복수에의 욕망에로 나아간다. 그러나 동시에 니체는 우리가 겸손과 겸양을 경계하지 않으면 안된다고 경고한다. 왜냐하면 거짓되고 순진한 형식들이 있기 때문이다. 거짓된 겸손과 거짓된 겸양은 힘에의 부정적 의지의 억압적인 도구가 될 수 있다. 사실 전체적인 축군도덕은 위계의 개념에 반대하는 방향으로 지향한다. 가장 근본적인 지평에는 두 가지 위계가 있으며, 힘에의 의지가 지향하는 방식에 의해 구별된다.

> 나는 상승하는 삶의 유형과 퇴락의, 붕괴의, 약함의 유형을 구별한다. 이러한 두 유형 사이의 위계의 문제가 대체로 아직도 확립되어야 한다고 믿을 수 있을까?　　　　　　　　　• WM, 851

주인도덕의 지배는 근본적으로 '극기克己'이다. 힘에의 의지의 최고 긍정적인 표현은 이 힘을 부과한 심리적 필요를 느끼지 않는 주인의 힘이다. 즉 인식과 과찬을 필요로 하지 않는 힘이다.

노예도덕과 주인도덕 간의 변증법에 있어 고귀한 인간은 비도덕주의자라는 명칭이 붙여진다. 니체는 이 명칭을 승인하며, 그것은 가치평가의 변증법을 나타내는 신호이다. 창조자와 입법자로서 비도덕주의자는 법률위반자, 일체의 낡은 가치들을 위협하는 자이다.

이러한 인간은 초월적 도덕보다도 오히려 인간 도덕의 창조를 욕구하는 비도덕주의자이다. 자기창조의 요구는 압도적이며 위로의 안정을 전혀 제공하지 않는다. 그 결과로서 이 불안정의 위협은 거의 대부분의 사람들로 하여금 자기극복의 투쟁으로부터 피하는 것을 일으킨다. 축군적 인간은 현존과의 투쟁으로부터 자기 자신의 답을 애써 얻기보다도 차라리 자기에게 주어진 답을 택한다. 이것은 성직자 유형이 지배를 획득하는 것이 어떻게 가능한가를 설명한다. 성직자 유형은 고귀한 인간을 향해서 축군 바깥의 원한을 지휘하는 유형이다.

자기극복을 지향하고 있는 비도덕주의자와 본질적으로 억압적인 사회질서 간의 무한한 모순은 니체를 모순으로 인도하고 있다. 때때로 니체는 미래의 자유가 현재의 극단을 정당화할 것이라는 환상의 희생이 되고 있다. 약간의 인용문에서 니체는 주인도덕이 축군을 다스리는 전제정치로서 자리 잡지 않을 수 없다는 믿음을 명백히 진술한다. 그러나 다른 어떤 때에는 니체는 자기극복을 달성하기 위해 필요한 개인적 실존적 투쟁을 강력히 강조한다. 자기극복은 그 본질상 다른 사람에게 그것의 의지를 부과할 수 없다. 니체가 이처럼 복잡하게 얽힌 엄청난 문제들을 모두 해결하지 못한다는 것은 거의 놀랄 만한 일이 아니다. 그러나 결국 니체는 그의 목표를 달성하고 있다. 왜냐하면 그의 입장은 우리가 변증법에 들어갈 때 진정한 철학적 대화에의 기회가 되는 일련의 가능성들을 제공하기 때문이다.

2

도덕에 대한 니체의 공격

야스퍼스는 도덕에 대한 니체의 공격을 논의한다. 니체의 가장 엄격한 비판은 도덕적 판단을 겨냥한다. 사실 우리는 니체에게 있어 이러한 도덕적 판단들이 부도덕하다는 것을 바로 말할 수 있다. 니체가 공격하고 있는 것은 이와 같은 판단을 절대적으로 주장하고 있다는 점이다. 인식론적인 판단들이 원근법적일 뿐만 아니라 도덕적인 판단들도 그러하다. 이것은 가끔 우리의 도덕적 판단들이 우리들 자신의 원근법의 한계를 드러내는 것에 불과하다는 것을 의미한다. 특별한 도덕적 판단들의 심리적 기초에 대한 니체의 분석은 지극히 원근법주의적이면서 예리하다.

위선에 대한 증오는 의심할 여지 없이 니체의 가장 강력한 감정들 가운데 하나다. 그의 정직에의 열정은 그로 하여금 그의 영혼 속으로 매우 깊이 관통하는 방향으로 이끌어 간다.

야스퍼스에 따르면 니체는 절대적·억압적 도덕성의 역사적 기원, 즉 소크라테스주의와 유대-기독교에 있어서, 특히 바울의 기독교에 있어서 노예도덕의 역사적 기원을 알아내고 있다.

무력자無力者도 힘에의 의지를 가지고 있다. 그것은 강한 자와 독립한 자에 대립하는 축군의 본능, 즉 행복한 자들에 대립하는 고통스럽고 가련한 운명으로 떨어진 자들의 본능, 예외자에 대립하는 범속한 자의 본능이다. 그들 모두는 도덕 가운데 지배자가 되는 수단을, 즉 그들의 무력無力에도 불구하고 내적·외적 권력을 창조하고자 하는 수단을 발견한다(15, 345). 도덕의 노예반란은 원한 자체가 창조적이 되고 가치들이 창출됨으로써 시작한다. 항상 소수인 강자와 성공한 자들이 다수의 가치평가를 받아들임으로써 그 자체에 있어 무력한 자들에게 강한 자들이 지배받는다(7, 317).

· N, 138-139

소크라테스주의와 기독교는 초월적 영역에 최고 가치를 두며 그 결과 그 양자는 허무주의적이 되고 있다. 야스퍼스의 『니체』에서 따온 위의 인용문은 우리가 힘에의 의지의 긍정적 표현과 부정적 표현들 사이를 구별 지은 것을 지지하며 또한 니체 철학에 있어 가치들의 함축적인 위계질서가 있다는 사실을 강조하고 있다. 우리가 메타 가치들의 함축적 위계질서가 있다고 말한다면 그것은 정확할 것 같다. 왜냐하면 니체는 개별적·구체적 가치들을 거의 억제하지 않기 때문이다. 니체에게 있어 개별적 가치들은 항상 특별한 상황의 맥락 안에서 변증법적으로 결정되는 데 있다. 그가 역동적으로 설명하는 메타 가치들은 개별적인 경우에 있어서의 개체적 가치들 자체를 지시함이 없이 가치 방향을 계획한다(HJN, 143).

특별한 가치들은 변증법적으로 결정되지만, 메타 가치는 그렇지 않다. 니체는 이 점에 관해서는 명백하다. 이러한 메타 가치는 인간의 가능성들에 의한 본질적 한계 설정과 인간Anthropos 자체에 대한 정의의 한 부분이다. 니체에게 있어서 두 가지 최고의 메타 가치는 자기극복의 실현과 도전이며 창조의 황홀이다. 니체의 중심적인 인간 개념을 구성하는 것은 이 두 가지 메타 가치이다(Ebenda).

이미 본 바와 같이 야스퍼스는 자기극복과 그의 해석에 있어서의 창조를 크게 강조한다. 따라서 니체의 초월자 없는 자유는 결코 순전한 삶으로 단순히 복귀하려는 의도가 아니다. 그것은 진정한 창조의 삶을 갈망한다. 니체에 있어 다른 메타 가치는 정신적 교제(교우 관계), (물리적·정신적) 힘, 물리적·심리적 필요들의 만족이다. 그리고 이 마지막 것이 가장 저급한 것이다. 이러한 메타 가치가 니체의 존재론적 자서전의 부분이다. 그러나 메타 가치는 또한 존재론적 자서전 그 이상의 것이기도 하다. (니체가 오해한) 헤겔Hegel과 칸트Kant에 의해 영향을 받은 장인Werkmeister은 니체와 일치하는 가치들의 위계질서를 자주적으로 추론한다. 가장 고귀한 것으로부터 가장 저급한 것에 이르기까지 장인의 위계질서는 다음과 같다(HJN, 144).

① 자기 실현 의식.
② 무엇을 행함의 기쁨, 특히 창조적 활동의 기쁨.
③ 상호 소통을 실현하고자 하는 욕구의 만족.
④ 행복감.
⑤ 욕구 충족.

이러한 병행론은 이들 위계질서가 확실히 인류학적이라고 하더라고 이들 위계질서가 단지 주관적인 것만은 아니라는 것을 강력하게 시사하고 있다. 그러나 야스퍼스는 메타 가치와 같은 것을 인정하기를 거부한다. 야스퍼스는 다음과 같이 주장한다.

> 니체는 모든 무제약성을 거부하고자 함에 있어 새로운 무제약성을 기초로 해서만 그렇게 할 수 있다. 그 자신은 이것이 불가피하다는 것을 안다. 우리는 무조건적으로 가치평가할 경우에 도덕적으로 경험한다. 반대로 우리가 도덕적으로 경험할 경우에 무조건적인 것이 문제가 된다. 도덕적인 경험을 상대적으로 받아들인다는 것은 무조건적이다. 니체 또한 도덕 자체의 무제약을, 즉 '자연'과 일치하는 가치를 반대함으로써 그가 거부하고 있는 것, 즉 절대적 가치평가를 수행하는 것을 행하고 있다.   • N, 144

야스퍼스는 주관의 책임을 명백히 단언하지 않는다. 그러나 그럼에도 그것은 제공된다. 야스퍼스는 가치의 근원을 인간에 두고 있다고 하더라도 이 기초가 초월적 형식으로서 실존이기 때문에 주관주의의 책임을 모면하고 있다고 생각한다. 그러나 니체는 이 초월자를 거부하며 그 결과로서 야스퍼스의 눈에는 다른 또 하나의 근본적인 모순을 야기시킨 과실이 있다.

도덕에 대한 명백하고 논쟁적인 공격은 니체의 다른 또 하나의 입장을 끌어들임으로 해서 그 결정적인 효과를 잃을 수밖에 없었다. 니체는 필요한 문제권을 세움으로 해서 새로운 의미의 문제 제기를 야기한다. 그는 첫째, 도덕 자체는 비도덕성으로부터 발원하며, 둘째, 도덕 자체에 대한 비판은 고귀한 도덕성으로부터 발원한다고 역설한다. • N, 144

여기서 우리는 니체가 도덕성과 비도덕성의 개념을 언어 놀이하고 있다는 우리들의 초기 경고를 매우 신중하게 받아들이지 않으면 안 된다. 사실 도덕성과 비도덕성을 토의할 때 니체의 상호 소통의 의도는 모호한 말에 의존하는 일종의 아이러니가 되고 있다. 그러나 야스퍼스는 이 개념들을 뜻이 명료한 것으로 받아들이며, 결국 언어 놀이라는 말을 놓칠 뿐만 아니라, 니체의 비평을 '불가피적인 모순'으로 해석하는 입장으로 받아들일 것을 강요받는다. 야스퍼스는 무엇을 니체의 '모순'을 나타내는 증거로 제공하는가?

우리가 이 입장들을 다시 받아들인다면 이 입장들은 다시 결정적인 모순 속에 빠진다. … 도덕 바깥에 산다는 것은 가능하지 않다. 뿐만 아니라 그 반대도 마찬가지다. 우리는 다만 절대적으로 비도덕적인 사고방식으로써만 살 수 있다. 또한 도덕은 유일한 해석의 도식을 의미한다. 인간은 그 해석의 도식으로써 견디어 낼 수 있다. 이와 반대로 세계는 도덕적 해석으로써 견디어 낼 수 없다(16, 262). • N, 146

그러나 이것은 납득이 되지 않는다. 만일 우리가 니체가 시도하고 있는 선과 악 간의 구별을 상기한다면 불가피적인 모순은 해결된다. 니체의 철학적 인간학의 관점에서 볼 때 야스퍼스는 인간을 진지하게 다루지 않고 있다. 즉 야스퍼스는 진실로 인간학적이지 않다. 왜냐하면 그는 여태까지 초월자의 개념을 유지하기를 원하기 때문이다.

니체의 '새로운 주인'이라는 개념을 설명함에 있어 야스퍼스는 궁극적 목표가 사실상 통치자와 피통치자의 의지의 합병 결과로 끝나는 민주주의의 극복에 기초하고 있다는 것을 지적한다(HJN, 145).

니체의 기대는 지극히 지적인 광범위의 축군에 의지하고 있는 무모한 지배 종족을 향해 있다. 그러므로 인류의 운명은 앞으로 올 지배자들에게 달려 있다. 니체는 그들의 가능성과 위험을 경계하고 있다. 그들이 존재할 수 있는 것은 ―심리학적으로 고찰한다면― 그들이 지배하지 않으면 안 되는 일종의 대중에 달려 있다. 왜냐하면 지배자들은 추상적 진리와 초인간적 위대를 근거로 해서 명령하는 독재자들이 아니기 때문이다. 그들은 인망가人望家이기 때문에 신神 없는 세계에서 대중의 무조건적 신뢰를 얻고 있는 사람이지 않을 수 없다. 이러한 지배자들은 그들이 지배하는 사람들과 친밀한 상호교호작용 속에 존속하지 않으면 안 된다. … 한편으로는 대중의 본성은 지배자들의 본성에 의해 규정된다. … 다른 한편으로는 지배자들은 대중의 성향에 달려 있다.　　•N, 273

이것을 근거해서 보건대 사회의 최고 목표가 각자로 하여금 자기의 최고의 수준을 달성하는 것을 허용하는 조건들을 창조하는 일종의 필요조건적 자유라는 것은 명백하다. 이와 같은 목표는 결코 마지막 목표가 아니다. 그것은 우리의 현재의 관점이 허용하는 최대한의 목표이다. 니체는 이와 같은 사회 성취가 '새로운 철학'을, 즉 단지 지금 우리가 식별할 수 있는 가장 흐릿한 개요만을 필요로 한다고 말한다. 가치평가는 영구적인 책임이 된다(HJN, 145-146).

제11장

야스퍼스는 자신의 철학으로 니체 철학을 어떻게 독해하고 있는가?

frenemy

야스퍼스가 설명하고자 시도하는 초월자의 개념은 본질적으로 애매하다. 초월자를 이해하고자 하는 시도는 (야스퍼스에 따르면) 초월자란 초월자를 통해서만 진정으로 이해될 수 있다는 사실 때문에 복잡하게 된다.

단지 실존에 의해서만 초월자는 기만적인 미신이 아니라 결코 소멸하지 않는 본래적인 현실성으로서 현재한다.
우리가 실존을 정신에 대비할 경우 실존은 정신의 대응물인 것 같다. 정신은 전체가 되고자 하며 가능적 실존은 본래적이고자 한다. … 정신은 모든 것을 보편자와 전체자로 지양止揚하고 소멸시킨다. 개인은 정신으로서는 그 자신이 아니며 말하자면 오히려 우연적인 개체와 필연적인 보편자의 통일이 아니다. 그러나 실존은 타자로서 지양될 수 없으며 오직 자기 자신에게만 달라붙는 것이며 대체할 수 없는 것이며, 따라서 모든 현존, 의식일반, 정신과 대립하여 초월자에 직면하고 있는 본래적 존재자이며, 실존은 단지

만일 실존 개념이 애매하다면 초월자 개념은 그보다 두 배로 애매하다. 정신은 전체가 되고자 한다는 문장은 특히 흥미진진하다. 우리가 니체의 인간론을 특성묘사하고 있는 본질적인 이원론을 고려할 때 야스퍼스와 니체가 철학적으로 가장 근본적인 기초에 의해 대립되고 있다는 것은 명백하다. 형이상학적인 영원회귀 이론에 의해 니체 자신이 전체가 되고자 하는 이 의지에 굴복한다는 것은 진실하다. 그러나 결국 니체는 이 의지가 인간 실존의 최고 발전의 가능성을 창조하는 본질적인 변증법의 마비를 야기시키는 근본적인 오류라고 주장한다. "실존에 의해서만 초월자가 미신 없이 현재하게 된다"라는 야스퍼스의 진술에 의해서 니체가 난처하게 된다는 것은 확실한 것같이 생각된다. 니체는 초월자의 전통적인 형식에의 모든 호소들을 미신으로 간주한다. 그러나 야스퍼스의 초월자 개념은 결코 전통적인 형식이 아니다. 다른 인용문을 검토해 볼 필요가 있을 것 같다.

　　모든 상호 소통의 실현 불가능성과 진리의 모든 형태의 세계에서 좌절로부터 초월자를 본래적으로 파악하는 사상은 신神의 증명과 같은 것이다. 진리에 대한 모든 의미가 미완성이라는 사실로부터 이 사상은 진리가 존재하지 않으면 안 된다는 전제하에서 초월자와 마주친다. 그러므로 이러한 사상은 진리에 대해 무제약적인

관심을 갖고 있는 실존에게만 타당한 것이며 또한 실존의 성실성
에 있어서는 진리는 무시간적으로 안정된 하나의 그리고 유일한
지속으로서는 세계에 결코 나타나지 않는다.　　　　　• VE, 94

　　니체와 야스퍼스는 진리의 제한에 관해서는 밀접하며, 이것으로
부터 니체는 그의 원근법주의 이론을 전개한다. 그러나 야스퍼스는
많은 철학과 신학에서 발견될 수 있는 매우 전통적인 입장을 흡수하
고 있다. 그가 절대적 진리의 개념을 계속 받아들임에 있어 전통을
따르고 있으며, 진리는 세계 내에서는 그 자신을 나타내 보이지 않
는다는 것을 인정하고 있다는 것은 명백하다. 영원, 단일성, 독특성,
특이성이라는 다른 전통적인 속성들 역시 현재한다.
　　결국 야스퍼스가 초월자 개념의 전통적 형식을 채택하고 있다
는 사실에는 의심의 여지가 없다. 상호 소통의 문제는 여기서 중요
하다. 야스퍼스는 모든 상호 소통이 불완전하기 때문에 이것이 어
딘가 완전한 관점에의 가능성이 있는 개념에로 필연적으로 이끌어
간다고 주장한다. 그는 이 개념을 다양하게 존재, 초월자, 신神이라
고 일컫는다. 그러나 니체는 원근법의 개념이 절대적 진리를 구성
하는 약간의 완전한 원근법을 함축하고 있다는 관념을 거부한다.
통일과 전체성의 개념은 니체에 있어 단순히 편리한 허구이다. 니
체에 관한 한 전달 불가능함은 절대적 진리에의 논거가 아니다. 니
체에 관계하는 어떤 점에서 니체와 관계하는 야스퍼스의 문제는
야스퍼스가 신학의 영역으로 옮겨다 놓은 인간의 문제이다. "신神

은 죽었다"라는 니체의 말을 논의함에 있어 야스퍼스는 이것이 무신론의 선언이 아니라는 것을 신중하게 지적한다. 그럼에도 야스퍼스는 『이성과 실존Vernunft und Existenz』에서 다음과 같은 결론에까지 이르렀다.

> 키르케고르는 불합리한 역설 및 순교자적인 현존으로서만 참되게 살 수 있다는 신앙에 도달하기 위해서 그리고 니체는 무신성에 도달하기 위해서 철학 자체를 의식적으로 전복시켰다는 점에서 다른 위대한 철학자들과 구별된다. · VE, 138

야스퍼스는 또한 무신론을 철학에 정반대되는 것으로 간주한다는 것을 분명히 밝히고 있다.

> 한편 철학적 사유는 무신성에서 그 실현을 발견할 수도 있으며 이 무신성은 계시종교에 대립하는 철학함이며, 따라서 세계 내에서 이 무신성이 지닌 유한한 지식을 위해서 역으로 철학함 자체를 포기하려는 경향이 있다. 그러나 이러한 무신성은 철학함의 본질을 빼앗음으로써 철학함을 모든 존립자 및 권위에 대항하는 파괴력으로 이용한다. · VE, 141

야스퍼스와 니체 간의 불일치가 단순히 구두상口頭上의 불일치가 아니라는 것은 매우 명백하다. 야스퍼스는 니체를 순전한 위협이자 위험한 인물로 간주한다. 만일 우리가 야스퍼스의 비평을 그 논리적 결론에까지 밀고 나아가서 완성한다면 사실상 야스퍼스는 니체야말로 철학을 그 본질로부터 탈취했다고 비판한다(HJN, 171).

야스퍼스는 "세계에 대한 유한적인 인식" 그 이상의 것이 있다는 것을 당연하게 생각한다. 그러나 그는 그것이 그 본질상 전달 불가능하기 때문에 이것이 무엇인가를 말할 수 없다고 주장한다. 한편으로는 경험적 진리란 불완전하며, 다른 한편으로는 절대적 진리는 있지만, 전달 불가능하다고 말하는 것과, 더욱이 우리는 전달 불가능한 진리의 권위를 인정하지 않으면 안 된다고 주장하는 것은 우리가 일찍이 말했던 독단주의의 한 실례이다. 확실히 이 같은 논의는 니체를 격분시킨다(HJN, 171).

포괄자Umgreifende에 관해서 야스퍼스는 두 가지 중요한 양식을 구별한다.

이러한 포괄자는 두 가지 대립적인 원근법으로 우리에게 현전하고 또 사라진다. 우리가 그것 안에 존재하고 그리고 그것에 의해서 존재하는 모든 것인 '존재 자체'로서 또는 우리 자신이며, 그리고 그것 안에서 우리들에게 모든 규정적인 존재 양식이 나타나는 포괄자로서, 후자는 매개로서 모든 존재가 우리들에 대해 비로소 존재가 되게 하는 조건일 것이다. 포괄자는 두 경우에 있어 우리들이 그 내용에 대해 부분적으로만 알고 있을 뿐인 존재의 그때마다의 종류의 총화總和가 아니다. 존재 자체이든 우리들에 대한 존재이든 간에 존재의 가장 극단적 자족인 근거로서의 전체이다.

• VE, 43

야스퍼스는 우리가 경험하는 세계와 오감五感을 초월한 존재 자체의 영역을 구별한다. 야스퍼스는 절대적 초월자로서 신神에게로 나아가기 위해 존재 자체의 개념을 이용한다. 신神에게로 나아감에 관해서 니체는 『우상의 황혼Götzen-Dämmerung』에서 매우 흥미진진한 비평을 행하고 있다. 니체는 존재자로부터 존재 자체에로 나아가는 형이상학적 이동은 문법에 있어서의 오류에 지나지 않는다는 것을 시사한다.

야스퍼스의 포괄자 개념은 니체 자신의 철학이 개선책을 제공할 것을 희망했던 독단적 형이상학의 발전에 있어 단순히 다른 개념으로 니체 자신에 의해 간주되었다.

확실히 야스퍼스는 니체가 자기의 비판적 관점에 대항하여 지휘할 수 있었던 비판정신의 정확한 본질을 미리 알 수 있었던 이점利點을 가지고 있다. 그러나 외관상으로 야스퍼스는 이와 같은 가능적인 비판론을 매우 진지하게 받아들이지 않는다. 이 문제에 관한 거의 총체적인 침묵으로부터 판단할 때 그는 이러한 비판론을 자기논박으로 간주한다. 니체와 야스퍼스의 관계에서 나타낸 반립을 고려할 때 야스퍼스가 니체의 철학에 관한 연구 저서를 집필하겠다고 작정하고 착수한 것은 흥미진진하다. 왜냐하면 야스퍼스의 연구 저서는 매우 공감이 가며 사려 깊은 고찰이기 때문이다. 야스퍼스가 이와 같은 기획에 착수한다는 것은 니체의 매혹의 힘에 대한 찬사이다.

야스퍼스는 자기 자신의 철학의 토대를 구성하는 개념들을 자신의 니체 해석으로 소개한다. 아마도 이렇게밖에 할 수 없는 이유들은 해석의 맥락 안에서만 발견될 것 같다. 이것을 염두에 두고 야스퍼스의 니체 해석의 중요한 국면들을 검토해야 할 것 같다. 이와 동시에 우리는 니체 해석의 가장 중요한 국면, 즉 형이상학과 철학적 인간학을 밀접하게 연관시켜 보도록 시도해 봄 직도 하다.

처음부터 야스퍼스가 니체의 형이상학을 여러 가지 점에서 불완전한 것으로 간주하고 있다는 것은 분명하다. 우리는 이러한 시사점을 니체의 생성으로서 존재 이론을 향한 야스퍼스의 태도에서 발견한다. 야스퍼스는 니체 철학의 변증법적인 성격을 매우 확실하게 평가하고 있다. 야스퍼스는 니체의 이론보다도 니체의 철학함의 과정에 보다 많은 의의를 둔다. 그럼에도 영구적인 것, 통일, 초월자로서 존재의 모든 개념을 근본적으로 그리고 철저적으로 거부하고 있는 어떤 형이상학에 관해서이든 야스퍼스 쪽에서 유보하고 있다는 매우 실재적인 시사가 있다. 결과적으로 야스퍼스는 몇 번이고 되풀이하여 불가피한 서클 속으로 강요되고 있으며, 궁극적으로 사상 자체의 토대를 침식한다고 결론을 내리고 있다.

야스퍼스는 근본적으로 대립되는 우주론과 철학적 인간학의 원근법을 구성하는 두 가지 영역을 적절히 구별하는 데 실패하고 있기 때문에 이러한 결론에 이르고 있다. 우주론적 원근법의 초월자는 야스퍼스에 관한 한 불충분하다. 왜냐하면 그것이 초월자의 전통적 성격을 가지고 있지 않다는 바로 그 이유 때문이다.

이러한 대립의 관건은 진리 이론에서 발견된다. 야스퍼스에게 있어 진리와 상호 소통은 풀 수 없을 만큼 서로 얽혀 있다.

> 그러므로 진리는 상호 소통으로부터 분리될 수 없다. 진리는 단지 상호 소통에 의한 현실성으로서만 시간적 현존에 나타날 뿐이다. 만일 우리가 진리를 상호 소통으로부터 분리시킨다면 진리는 굳어져서 본질을 상실한다. 그러나 상호 소통에 있어서의 운동은 일자 가운데 진리를 유지하고 추구한다. • VE, 74

야스퍼스는 상호 소통의 세 가지 근본적인 유형을 구별한다.

첫째 유형은 개인과 사회의 보존 및 역할 기능과 관계하는 실천적 양식이다.

둘째 유형은 의식 자체와 관계하며, 개인과 인식할 수 있는 사회적 의식 간의 관계를 특징짓는 추상과 논리적 범주들과 근본적으로 관계한다.

야스퍼스는 셋째 유형을 다음과 같이 정의한다.

> 정신의 상호 소통은 전체의 이념인 공동의 실체에 근거하는 자기형성이다. 개인은 자기의 본래적인 의미를 전체 가운데서만 가지는 장소에 놓여 있다는 것을 의식하고 있다. 그의 상호 소통은

유기체에 속하는 한 구성원의 상호 소통이다. 그는 자기와 다른 모든 것과 구별되지만, 자기와 다른 모든 것을 포괄하는 질서 안에서 다른 모든 것들과 일치한다. 그들은 이념의 드러남에 의해서 서로 소통한다. 이러한 상호 소통에서는 마치 의식 일반에 의해서는 분명히 알 수 없는 전체가 말하고, 무엇이 중요한가를 한정하고 알리는 것 같다. 이러한 전체의 효과적인 내용에 의해 충만됨이 없이는 상호 소통은 즉시 무관심한 것과 자의적인 것으로 미끄러져 나간다. • VE, 77

여기 우리가 관심을 가지는 세 가지 형식이 있다. 이러한 개념은, 그것이 변증법적으로 진술되는 한 문화적 운명의 '관념'으로 존재하는 것에 매우 밀접하게 다가온다. 야스퍼스는 '관념을 보편화'하고 있지만, 제한된 범위 안에서 그렇게 하고 있으며, 원근법의 개념을 보존하고자 시도한다.

정신의 공동체로서 정신의 구성원은 전체에 관한 지식에 의해 이념으로서의 전체에 결합되는데, 항상 하나의 전체로서 결합되는 것이지 결코 전체 자체로서 그렇게 되는 것은 아니다. 그것은 전체성으로서 다른 전체성에 관계해야 하며 그리고 항상 자신의 현실성에 미완성으로 남아 있다. • VE, 79

그러나 문화적 관념으로서 이 전체는 문화 현상이며 니체의 견해에서 볼 때 하나의 허구이다. 하나의 관념이 문화의 중심이라는 사실은 그것이 절대에로 변형하는 것을 정당화하지는 않는다. 니체는 이와 같은 관념들의 통일을 결코 부정하지 않는다. 그러나 그는 그 관념들의 제한에 의하여 그것들을 이해한다고 주장한다.

만일 문화가 침체되지 않는다면 문화적 '관념'은 역동적이지 않을 수 없다. 니체에게 있어 야스퍼스가 말하는 이 '전체'들은 철학적 인간학의 영역 안에서 집단적 허구의 표현으로서 취급될 수 있다. 이 '전체들'이 결코 집단적이지 않다는 사실은 초월자에로의 도약을 정당화한다(HJN, 174).

야스퍼스는 상호 소통의 문제를 다른 방식으로 접근한다. 그는 합리적 상호 소통과 실존적 상호 소통을 구별한다. 합리적 상호 소통은 근본적으로 우리가 위에서 언급한 첫 번째의 두 가지 형식을 지시한다. 그러나 실존적 상호 소통은 일상적 범속을 넘어선 특별한 본질을 함유하고 있으며 종교적 친교 개념에 가깝다.

야스퍼스는 상호 소통에 있어서의 모든 실재적 시도가 한정되어 있다는 것을, 즉 한 실존과 다른 실존 간의 상호 소통인 실존적인 상호 소통조차도 제한적이라는 것을 인정한다. 이러한 점에서 적어도 그는 진리란 항상 특별하며, 원근법주의적인 방식에 한정되어 있다는 니체의 주장과 일치한다. 그러나 야스퍼스는 이러한 원근법 배후에 절대적 진리를 설정한다. 절대적 진리는 그것 자체에 있어 그리고 특별한 실존에게는 무제약적이다.

인간은 시간적 현존에 있어서는 초월자를 세계 내의 사물처럼 누구나 다 동일하게 인식할 수 있는 대상으로서 가지는 것이 불가능하기 때문에 절대적 진리로서의 하나인 진리의 모든 양식은 세계 내에서는 사실상 단지 역사적일 뿐이다. 즉 그것은 무제약적이며, 바로 그 때문에 보편타당적일 수 없다. • VE, 97

이러한 관점에서 본다면 니체에게 있어 야스퍼스는 플라톤주의자Platonist로서 간주되지 않을 수 없다. 니체의 플라톤주의 전도는 가장 근본적인 이슈들에 관한 야스퍼스의 입장에 대한 직접적인 대립에 서 있다. 야스퍼스에게 있어 초월자 없는 형이상학은 단순히 형이상학이 아니거나 또는 적어도 불충분한 형이상학이다. 야스퍼스는 물론 자신의 입장의 배후에 엄청난 역사적 전통의 무게를 가지고 있으며, 이것은 니체의 초월자 비판에 반대하는 그의 입장을 변호하는 것도 아니고 그의 비판적 입각점을 명백하게 진술하는 것도 아닌 그의 궁극적인 정당화로 생각된다.

야스퍼스의 니체 해석에 관한 방법론적인 문제는 니체의 모순의 변증법에 대한 그의 구상이다. 다시 말해서 이것은 니체의 철학에는 이론이란 없다는 관념에 대한 야스퍼스의 불만족에서 일어난다. 이러한 접근이 드러내는 취약점은 그것이 진정으로 모순이 있다는 매우 흥미 있는 경우들을 모호하게 하는 경향이 있다는 것이다. 다른 말로 해서 야스퍼스의 견해는 일종의 수준의 동등화를 창출하며 그의 모든 모순을 니체의 변증법의 작용에 귀속하는 방향으로 나아간다. 야스퍼스가 정성 들여 설명하고 있는 이러한 많은 모순들은 명백히 모순들이다. 예컨대 도덕과 비도덕이라는 단어들의 (니체적) 이용이다. 영원회귀 이론의 형이상학적 변형과 같은 진정한 모순의 사례들은 야스퍼스에 의하여 그 근원에로 추적되지 않는다. 이것은 형이상학적 입장이며, 영원회귀에 대한 야스퍼스의 사실상의 추방을 뜻하는 부분적인 설명이다.

야스퍼스는 영원회귀를 초월자 이론을 마련하려다가 실패한 것으로 간주한다. 그러나 야스퍼스는 니체가 비상할 정도로 초월자 이론을 마련하려고 시도한 이유들을 계속해서 탐구하지 않는다. 그것 역시 놀라운 일이다. 왜냐하면 니체는 초월자의 모든 형식들에 대한 비판에 있어 엄격하기 때문이다. 우리가 이미 토의했던 이 형이상학적 탈선에의 근거들은 니체의 인간다움의 실존적 심저에 대한 일별―瞥을 마련한다. 그것이 탈선이라는 판단은 우리가 그 판단을 전개한 바와 같이 니체 자신의 형이상학에의 기준으로부터 비롯하는 내적 판단이며, 니체 철학 외부의 맥락으로부터 부과된 외적 판단은 아니다.

영원회귀의 형이상학에 대한 야스퍼스의 거부는 니체 철학의 외적인 이유들에 기초를 둔다. 니체가 전통적인 초월자 이론은 영원회귀에 대한 그의 형이상학적 번안임을 개요할 때 야스퍼스는 그것을 받아들이지 않는다. 왜냐하면 니체의 형이상학적 번안은 비인간적이면서 비목적론적이기 때문이다. 이 점에서 야스퍼스는 플라톤 전통과 기독교 전통에 매우 깊이 뿌리를 두고 있다. 그의 비판론은 때때로 그가 영원회귀를 이교도 개념이라고 생각하고 있다는 것을 시사하고 있다. 야스퍼스는 또한 힘에의 의지에 대한 그의 해석에 있어 어려움을 겪으며, 그의 조건들 가운데 약간의 것은 심리적인 조건이라고 말한다.

야스퍼스는 초월자에 의하여 함축된 제한으로부터 인간을 해방시키려는 니체의 시도가 인간의 무의식적인 충동의 격렬한 분출의 결과로 나타날 것이라는 것을 두려워하는 것 같다. "힘에의 의지"라는 말은 아주 감정적이며 쉽사리 오해될 수 있지만, 그 말 자체는 바르게 해석될 때조차도 거의 마법에 걸린 듯한 영향을 행사하는 경향이 있다. 그러나 니체는 힘에의 의지의 긍정적 표현과 부정적 표현을 예리하게 구별한다. 허용과 방종은 니체에게 있어 위버멘쉬의 긍정적인 "힘에의 의지" 개념의 부분이 아니다. 힘에의 의지의 인간학적 국면에 대한 야스퍼스의 비판론은 야스퍼스가 항상 긍정적 형식과 부정적 형식 간의 구별을 인정하지 않는다는 것을 암시한다.

더욱이 야스퍼스는 여러 가지 점에서 전통적인 도덕성에 대하여 태도를 분명히 한다. 그는 전통적 도덕성에 대한 니체의 비판의 많은 국면이 지니고 있는 깊이와 옳음을 인정한다. 그러나 야스퍼스는 인간을 초월하는 권위의 원천을 완전히 포기하기를 꺼린다. 여기에는 어떤 아이러니가 있다. 왜냐하면 니체의 도덕성의 개념은 종종 비인간적인 것으로 공격받기 때문이다.

새로운 종류의 창조적 자유를 우리들에게 마련해 주는 초월적 권위의 구속을 위험을 무릅쓰고 깨뜨리려고 하는 방향으로 그를 인도하는 것은 인간 존재의 가능성에 대한 그의 비상한 신앙이다. 다른 한편으로 때때로 위대한 휴머니스트로서 간주되는 야스퍼스는 니체의 신앙을 사람들과 함께 나누어 가질 수 없으며, 인간을 초월하는 권위의 형식들이란 인간을 자제하고 자기 자신을 보호하기 위해 유지되지 않으면 안 된다고 확신한다. 그는 우리들의 유력한 현대의 프래그머티즘의 입장들을 찬성하고 또 그러한 프래그머티즘에 관해서는 훌륭한 논의들이 있으며, 많은 사람들은 니체의 신앙을 다소 소박하고 비현실적인 것으로 간주한다. 그럼에도 우리는 그것이 오히려 장려한 신앙임을 인정하지 않을 수 없다.

야스퍼스는 또한 위버멘쉬의 창조적인 도덕성이 인간중심주의로부터 이기주의로 나아갈 것이라는 점을 우려한다. 그러나 니체는 위버멘쉬와 축군 사이에 존재하지 않을 수 없는 예민한 관계를 매우 잘 이해했으며 그의 위버멘쉬 개념은 어떤 종류의 계획적인 이기주의도 배제한다. 현실적 상황에 있어 이와 같은 관계가 완수할 수 있고 실험할 수 있는지 어떤지 하는 것은 사전에 결정될 수 없다. 야스퍼스의 제한은 인도주의적 심리학에 있어 그의 광범위한 배경에서 보아 확실히 존중되지 않으면 안 된다.

그러나 우리는 또한 니체에게 있어 이와 같은 복잡한 사회의 성취는 직접적인 목적과는 거리가 멀었다는 것을 상기할 필요가 있다. 그는 인간이 이와 같은 사회를 현실화시키는 데조차 수천 년이 필요하다는 것을 진술하고 있다. 비록 우리가 이러한 개념을 이상향으로 간주한다고 하더라도 그것은 고전적인 유토피아와는 확실히 다르다. 고전적인 유토피아에서 그것은 항상 역동적이다. 하나의 목적으로서 설정된 완전한 상태는 없다. 따라서 그의 유토피아 개념조차도 그의 플라톤주의 전도에 충실하게 존속한다.

니체에 대한 비판에서 야스퍼스는 그가 일컫고 있는 것으로서 니체의 "실험 사상"에 대해 언급한다. 이 개념은 "모순의 변증법"에 대한 야스퍼스의 해석에서 비롯하며, 이 변증법을 거부하는 이유와 유사한 이유에서 거부되지 않을 수 없다. 야스퍼스가 생각하는 사상의 실험의 두 가지 주요 실례는 니체의 생성으로서 존재의 개념과 허구로서 진리의 개념을 가리킨다. 이러한 두 가지 실례는 인간학적 원근법 내에서 세계를 설명하기 위해 우리가 필요로 하는 허구들 가운데 하나로 간주하는 존재와 관계한다.

그러나 니체는 삶을 유지시키는 허구가 아닌 일종의 진리를 마련하는 원근법이 있지 않을 수 없다는 것을 깨닫고 있다. 이것은 우주론적인 원근법이다. 이 원근법으로부터 비롯하는 판단, 즉 '모든 존재는 생성이다'라는 판단은 인간학적 원근법의 상대적 진리가 아니고, 오히려 삶을 위협한다. '진리는 인간의 필요에 응하기 위해 계획된 허구들이다'라는 바로 그 판단은 이 판단들을 시도하는 삶으로부터의 원근법이 없다면 순전한 난센스로 무너진다. 확실히 니체는 너무나 예민한 변증론가이기 때문에 이와 같은 명백한 함정에 빠진다. 삶으로부터의 원근법은 이른바 우주론적 원근법의 초월자이다.

정확히 말해서 그 이유는 그것이 삶의 원근법의 '저편'이며 대립적이고, 인간의 존재 중심에 있는 본질적인 이원론 가운데 한 극極

을 형성하기 때문이다. 그러나 야스퍼스는 이러한 실험 사상들이 '이성의 해체'로 나아간다고 주장한다. 니체의 이성 비판은 확실히 충분하다. 그러나 그것은 결코 이성의 전체적인 표기가 아니다. 니체는 비합리주의의 철학자로서 뚜렷이 표현될 수 없다. 니체의 가장 황홀한 디오니소스적 비약조차도 사실 조화와 형식의 아폴론적 평형에 의해 조절된다. 사실 니체의 성숙한 디오니소스적인 것의 개념은 실제로 디오니소스적인 요소와 아폴론적인 요소의 종합이다. 니체는 이성을 버리기를 원하지 않는다. 그는 이성을 인간의 동물성과 균형 있게 융합하기를 원한다.

야스퍼스가 니체의 변증법의 기초인 이 두 가지 분명한 영역을 설명하지 못하고 있는 것은 그로 하여금 니체 철학을 아주 애매한 것으로, 신비적이 아님에도 오히려 신비적인 것으로 생각하도록 하는 해석으로 이끌어 간다. 이것은 아마도 야스퍼스가 니체 철학을 자기 자신의 철학으로써 읽는 가장 명백한 실례들 가운데 하나일 것이다. 야스퍼스는 자기 자신의 철학에 관하여 애매모호함을 필연적인 것으로 간주할 뿐만 아니라, 그것을 하나의 미덕으로 간주한다.

우리가 이미 본 바와 같이 그의 상호 소통 이론은 본질적으로 애매모호하지 않은 그 어떤 것도 냉담하며 하찮은 것에 빠진다는 것을 암시한다. 그런데 이것은 불필요한 혼란을 야기한다. 왜냐하면 니체에는 문제점들, 즉 우리들의 최상의 능력에 도전하는 해석의 문제들이 대단히 많이 있기 때문이다. 따라서 이러한 도전을 증대시킬 이유가 없다. 이처럼 부과된 애매모호함으로부터 기인하는 혼란은 야스퍼스의 허무주의 논의에 있어서도 뚜렷이 보인다. 니체를 '학설'에 의하여 해석하기를 꺼리는 야스퍼스의 태도는 니체의 사상의 충분한 전개를 모호하게 하는 경향이 있으며, 그리고 니체 철학 내의 일련의 다양한 관념들을 병치並置하는 것을 어렵게 만들고 있다.

그 결과 야스퍼스는 때때로 니체의 허무주의 이론에, 마치 니체가 전체주의적인 무정부주의를 옹호하고 있는 것처럼 반응한다. 야스퍼스의 모순에의 탐구는 그가 니체의 휴머니즘의 맥락 안에서 니체의 허무주의 이론을 고찰하는 것을 어렵게 만들고 있다. 니체의 근본적인 허무주의는 배경으로 이러한 맥락 없이는 확실히 경종을 울린다. 그러나 이러한 맥락 안에서 그것은 자기극복의 과정 내의 필요한 단계로서 철저하게 고찰되지 않으면 안 된다.

이러한 자기극복은 물론 니체의 휴머니즘의 관건이다. 앞에서 기술한 것에서 볼 때 야스퍼스가 니체에 대한 자기의 해석을 자기 자신의 철학으로 독해讀解한다는 것은 아주 확실한 것 같다. 야스퍼스는 니체 사상의 다양한 국면을 자기 자신의 실존, 초월자, 포괄자 개념과 연계시켜 계속 추구한다. 더군다나 그는 자기 자신의 비판적 견지가 아직도 니체의 비판주의에 종속하는 그런 방식으로 자기 자신의 철학을 비판적 칼로서 사용한다. 야스퍼스의 해석은 또한 자기 자신의 기질이 많은 점에서 근본적으로 니체의 기질과 반대된다는 것을 밝히고 있다.

야스퍼스의 해석은 자극적인 도전이며, 만일 우리가 니체를 전적으로 이해하고자 한다면, 철저히 연구되지 않으면 안 되는 많은 비판적인 물음들을 계속 드러내고 있다. 모든 것 가운데 가장 주목할 만한 것은 야스퍼스의 사유에 근본적으로 맞서는 사상가와의 진정한 대화의 시도이다. 니체는 사실 일치를 요구하지 않는다. 그는 그것에 대해 의심쩍어 한다. 니체가 위버멘쉬에의 길을 따라 나아가는 부분으로서 상상한 대화는 필연적으로 그 반대에 의해 특징지어진다. 때때로 이와 같은 대화는 여기서는 야스퍼스와 니체 간에 일어난다.

제12장

야스퍼스와 니체 간의 평행선

frenemy

　야스퍼스와 니체 간의 가장 의미 깊은 평행선은 과정으로서의 철학, 즉 철학함Philosophieren으로서의 철학을 강조하고 있다는 점이다. 이 두 철학자들에게 있어 이러한 강조는 상호 소통 이론과 우주와 관계하는 인간론을 포함하고 있다. 니체 철학에서의 이러한 이론들을 인정하기를 거부하는 야스퍼스의 부정적인 태도로부터 하나의 특성이 생긴다. 왜냐하면 실존적으로 말해서 야스퍼스와 니체는 인간을 절대적 근본적인 의미를 담지한 장소로 지시하고 있기 때문이다.

　우리가 앞에서 지시한 바와 같이 야스퍼스의 실존 개념은 그것이 인간 자신의 저편의 초월자를 확립하기 위한 수단으로 사용되지 않는 한 니체의 인간론과 양립할 수 있는 개념이다. 따라서 니체조차도, 비록 그가 저 방식으로 그것을 공식화하고 싶어 하지 않는다고 하더라도, 실존 이론을 초월적 내재자로서 인정하고 싶어 했을지 모른다. 야스퍼스와 니체는 실존의 신비를 드러내는 초점인바, 불가해한 입지 조건이 인간의 내면에 있다는 데 동의하고 있다. 니체는 인간과 세계의 덧없음을 뇌리를 떠나지 않는 신비의 부분으로서 본다.

니체에게 있어 초월자 이론의 유혹은 항상 그의 사상의 배후에 잠복하고 있다. 그리고 하물며 그것은 니체가 영원회귀 이론의 문자상의 번안을 변호하고자 노력하던 짧은 시기 동안 명료하게 된다. 다른 한편으로 니체의 영원회귀 이론 개념에 대해 비판적인 야스퍼스는 직접적으로 초월자 이론으로 나아가고 있으며 이와 같은 이론을 가치론에 절대적으로 필요한 것으로 간주한다. 여기서 우리는 어떤 의미에서는 평행적이지만, 그러나 다른 의미에서는 상반되는 두 가지 입장을 본다.

야스퍼스와 니체는 가치란 근본적으로 인간이 그의 세계와의 관계에서 현존하는 방식에 기초를 둔다는 점에서 일치한다. 그러나 상반되는 점은 인간 자신이 인간과 그의 세계 '저편'의 그 무엇에 기초하고 있음에 틀림없다는 야스퍼스의 확신으로부터 생긴다. 니체는 야스퍼스의 견해의 요지와 정확히 평행선을 이루는 자기 자신의 제한들이 가지는 맞부딪힘을 기술하고 있다. 그러나 야스퍼스에 있어 이 맞부딪힘은 더욱더 인간 '저편'으로 나아간다. 이와 반대로 니체에게 있어 이와 같은 맞부딪힘은 우화 같으며, 인간으로 하여금 다시 한번 하나의 문제이면서 신비로서 자기 자신에게 의지하도록 만든다(HJN, 185).

더 한층 평행선을 이루는 것은 상호 소통이란 본질적으로 애매하다는 견해이다. 그러나 이러한 입장은 오히려 광범위한 견해를 허용한다. 야스퍼스와 니체는 가장 근본적인 의미에 있어서 '인격적인 것에 호소하는 직관적인 도약에의 필요'를 인정하고 있다. 우리의 인격 또는 실존으로부터 철학한다는 것은 사상가에게는 진정한 사상의 기초이며 보편적이지만, 니체에게 이러한 보편성은 조건적이다. 그리고 야스퍼스에게 있어 그의 초월자에의 호소를 통해서 이러한 보편성은 결국 무제약적인 것으로 간주될 수밖에 없다.

그러므로 야스퍼스의 견해에 있어 애매모호함은 기초에의 호소에 의하여 인간이 카오스로 무너지는 것을 구해 준다. 반면에 니체에게 있어 애매모호함은 사람들을 부추겨, 보다 심원한 탐구를 하도록 하기 위해 제공된다. 이 방식에서 애매모호함은 변증법의 동력의 부분이 된다. 이것은 허무주의도 아니며, 우리가 니체 철학에서 발판을 전혀 발견할 수 없다는 것을 의미하는 것도 아니다. 그러나 그것은 이것이 야스퍼스의 결론이라고 생각하도록 만든다.

키르케고르에 대해 말한 이후에 애매모호에 대한 논의에 있어 야스퍼스는 니체에 대해 다음과 같이 말한다.

> 니체가 의미하는 것은 마찬가지로 명백하지 못하다. 독일에 있어 그의 영향과 맞먹을 만한 다른 어떤 철학자도 없다. 그러나 모든 태도, 모든 세계관, 모든 신조는 그를 증인으로 불러들이는 것같이 생각된다. 이러한 사유 전체가 자기 속에 내포하고 있고 또 실현하는 것을 우리는 전혀 알지 못하고 있다는 것은 있을 수 있다.
>
> • VE, 37

확실히 이 기술과 이 판단은 너무나 극단적이다. 야스퍼스 자신은 니체의 권위를 향한 이러한 많은 요구가 부당하며, 만일 이것이 그러하다면, 당연히 니체의 철학에 속하는 견해, 원근법, 입장이 있다는 것을 인정한다. 더군다나 니체와 그의 비판자들에 대한 야스퍼스의 비판은 니체의 사상이 포함하고 있고 실현하고 있는 것에 대한 분명한 의식을 가지고 있다는 것을 전제로 한다(HJN, 186).

마지막으로 니체와 야스퍼스는 이성의 우위에 대한 진지한 물음을 제기한다. 두 사람은 경험과학의 이름으로도 명료한 빛에 의해 이해되는 내적 진리에 표면상 기초한 형이상학과 인식론의 체계에서도 이성을 내세우는 터무니없는 주장에 대해 의심쩍어 한다. 19세기에 이성에 대한 신앙은 심각한 도전을 받았다.

키르케고르와 니체의 문제 제기 이후 이성은 이미 우리에게는 자명적이지 않다(VE, 37). 야스퍼스에게 있어 이성에 대한 이러한 의심은 초월자의 전달 불가능성에 대한 그의 확신과 불가분리적으로 결부되어 있다. 그는 결코 이성은 포기되어야 한다는 것을 암시하지는 않는다. 그러나 그는 이성의 한계들에 대한 인정을 훨씬 삼가서 주장하며 그리고 이성에 의해서는 그 자체가 파악될 수 없는 실존을 도움에 있어 이성의 이용을 주장한다(HJN, 186).

니체의 입장은 훨씬 근본적이며, 만일 그 전후 관계로부터 끄집어내어 극단에까지 밀고 나아간다면, 자멸적이 된다. 니체는 개념화의 본질에 관심을 갖는다. 니체는 모든 개념화가, 비록 근본적이라고 하더라도, 어떤 목적들에 관해서만 유용하다고 확신한다. 여기서 유용성의 개념은 중요하다. 왜냐하면 니체는 진리란 항상 어떤 목적을 위한 수단이며, 진리는 저 맥락 안에서 이해되지 않으면 안 된다고 주장하기 때문이다.

> 범주를 꾸며 낸 발명적인 힘은 욕구에 봉사하면서 일해 왔다. 즉 확실성을 기호나 음향에 기초한 이해를, 단축화의 수단을 요구하는 욕구에 ─ '실체', '주관', '존재', '생성'에 있어 문제가 되는 것은 형이상학적 진리는 아니다. • WM, 350

니체의 이성 공격에 대한 가장 분명하고 명백한 진술은 『힘에의 의지』에서 발견된다. 그 저서에서 실행한 그의 논의로부터 니체의 근본적인 입장이 실제로 어떠한지가 명백하게 드러나고 있다. 그는 진리가 어떤 맥락 안에서 그리고 그 진리의 기능에 의해서 이해되지 않으면 안 된다고 주장한다. 그뿐만 아니라 그는 일정한 개념들, 그 개념들 가운데 초월자가 그 개념들이 한계 또는 범위를 가지지 않기 때문에 정확히 말해서 의미와 기능을 가지고 있지 않다고 주장한다. 다른 말로 해서 사상가가 맥락과 기능에 상관하지 않고 절대적 보편성으로 사용하고자 시도하는 어떤 개념도 무의미하다.

> 우리는 이성을 믿고 있다. 그러나 이것은 회색 개념의 철학이다. 언어는 가장 유치한 선입견에 기초하여 조립된다. 그런데 우리는 부조화와 문제들을 사물 속으로 넣어 읽는다. 왜냐하면 우리는 언어의 형식으로만 사유하기 때문이다. 따라서, '이성의 영원한 진

리'를 믿는다. (예컨대 주어, 술어 등) 우리는 우리가 언어의 강제 속에서 행하는 것을 바라지 않는다면 사유하는 것을 멈춘다. 우리는 여기서 한계를 한계로서 보아야 하지 않을까 하고 의심을 갖는데 가까스로 말하고 있다.

합리적 사유는 우리가 벗어던질 수 없는 도식에 의해서 해석하는 일이다.

・WM, 358

이러한 비평은 그것이 공격을 함유하고 있을 뿐만 아니라 기술과 항의까지도 함유하고 있다는 점에서 특히 흥미진진하다. 이 인용문은 또한 니체가 자신의 형이상학을 플라톤 사상을 전도顚倒한 것이라고 기술한 것을 이해하는 데 도움을 준다(HJN, 187).

니체에게 있어 우리가 구체적 경험으로부터 떠나 버릴 경우 언어는 합리적 전달의 수단으로서는 적절하게 기여하지 못한다. 야스퍼스가 니체의 이와 같은 입장을 받아들일 수 없다는 것을 깊이 고려하는 것은 아주 중요하다. 왜냐하면 이러한 극단적인 입장이 전통적인 서양 철학의 기초를 위협하기 때문이다.

니체와 야스퍼스 간의 거의 모든 평행선은 피상적이라고 말하는 데서 우리가 정화된다는 것은 바로 이러한 경우를 고려한 데서 나오는 말인 것 같다. 야스퍼스는 니체가 그의 사유를 밀어붙이는 극단을 아주 두려워한다. 야스퍼스는 이 극단적인 사유로 말미암아 니체 철학에 있어서의 디오니소스적 요소가 항상 일체를 지배하고 동시에 일체를 카오스 속으로 소용돌이치도록 할 것으로 생각하기 때문이다. 많은 점에서 야스퍼스 철학이 매우 편안하고 희망적이며, 이 점에서 아마도 부르주아적이기조차 하다는 것은 분명한 사실이다.

야스퍼스는 니체의 비평을 완화하고 진정시키고자 하는 부인할 수 없는 성향을 지니고 있다. 이러한 성향은 해석상의 균형을 실현하는 방향으로 지향하는 기획을 넘어서고 있다. 우리는 야스퍼스가 니체의 유미주의唯美主義, Ästhetizismus에 대한 뿌리 깊은 불신을 가지고 있는 사실을 느끼지 않을 수 없다(HJN, 188). 마지막으로 비록 이성의 한계를 주장한다고 하더라도 야스퍼스는 이성의 한계를 넘어 저편에 있는 것은 이해하기 어렵거나 또는 불합리하기보다도 오히려 이성을 초월한 것임을 나타내고 있다. 다른 말로 해서 야스퍼스에게 있어 초월자가 무엇이든지 간에 그 초월자는 자비심의 기운을 가지고 있다(HJN, 188).

이러한 결론들을 비추어 볼 때 우리는 지금 니체에 대한 야스퍼스의 비판적인 노동과 야스퍼스 철학 전체 간의 관계를 검토하지 않을 수 없다. 생각건대 야스퍼스에게 니체는 되풀이해서 물음을 물어야 하는 문제이면서 해결되지 않으면 안 되는 문제이다. 이는 야스퍼스 자신의 사상이 니체의 사상과 충돌하는 그런 문제인 것같이 생각됨 직하다. 그러므로 니체는 야스퍼스가 궁극적으로 타협하지 않으면 안 되는 인물이 되고 있다. 니체는 야스퍼스에게는 등에가 되고 있다.

『이성과 실존』은 키르케고르와 니체의 철학을 야스퍼스 자신의 관념에의 도약대로서 이용하고 있다. 그러나 『이성과 실존』은 부분적으로 그들의 입장에 답하고자 한 시도이다. 『니체와 기독교』는 니체의 공격에 대한 해설이며 동시에 기독교로부터 그 무엇을 구조하고자 한 시도이다. 야스퍼스의 『니체 —그의 철학함의 이해를 위한 입문』은 두 거인들 간의 논쟁으로 보여질 수 있다. 왜냐하면 많은 점에서 이 책은 심오한 인물 비평서이기 때문이다. 이 책에서 니체는 주역이 될 뿐만 아니라 적대자가 되기도 한다.

야스퍼스는 비록 자기의 가장 깊은 철학적 경향이 니체의 사상의 방향과는 반대 방향으로 지향한다고 하더라도 니체의 사상과 직접적으로 대결하지 않을 수 없었다. 이 맥락은 아주 중대한 두 가지 결과들을, 즉 니체의 사상에 관한 새롭고 도발적인 원근법과 야스퍼스 자신의 철학적 사유의 풍요를 가지고 왔다. 이러한 맥락이 일치의 결과를 가지고 오지 못했다는 것은 의미가 없다.

약어

|

1. 칼 야스퍼스의 저서들

CT: Karl Jaspers: *Chiffren der Transzendenz*.

GSZ: _____: *Die Geistige Situation Der Zeit*.

N: _____: *Nietzsche — Einführung in das Verständnis seines Philosophierens*.

NB: _____: 'zu Nietzches Bedeutung in der Geschichte der Philosophie,' in: *derselbe, Aneignung und Polemik*.

NUC: _____: *Nietzche und Christentum*.

Studium: _____: 'Studium, 1901~1907,' Teils 2, in: *Jahrbuch der österreichischen Karl Jaspers Gesellschaft 10*.

VE: _____: *Vernunft und Existenz*.

니체-생애: 강영계 옮김, 『니체-생애』

2. 니체 전집 및 저서들

KSA: Friedrich Nietzsche: Sämtliche Werke, *Kritische Studiensausgabe in 15 Bänden*, Hrsg. von G. Colli und M. Montinari.

KSA 3 FW: _____: *Die fröhliche Wissenschaft*.

KSA 3 M: _____: *Morgenröte*.

KSA 4 Z: _____: *Also sprach Zarthustra*.

KSA 5 J: _____: *Jenseits von Gut und Böse*.

KSA 6 E: _____: *Ecce Homo*.

KSA 8 N: _____: *Nachlaß 1875-1879*.

KSA 9 N: _____: *Nachlaß 1880-1882*.

KSA 10 N: _____ : *Nachlaß 1887-1889*.

Werke: _____ : *Werke in drei Bänden*, Hrsg. von Karl Schlecta.

Werke III: _____ : 'Nietzsche Brief an Franz Overbeck,' in: *Schlecta, Nietzsche Werke III*.

WM: _____ : *Der Wille Zur Macht* (『힘에의 의지』, 강수남 옮김).

※ 숫자만 표기된 인용문의 출처는 야스퍼스의 『니체 —그의 철학함의 이해를 위한 입문』에서 인용한 니체 전집(니체의 여동생 엘리자베트 니체가 편집·발간한 8절지 판본 Kleinoktavausgabe 16권)에 근거하고 있다. 제1의 앞의 숫자는 권수卷數이고, 그다음 숫자는 면수面數, page를 가리킨다.

3. 니체 및 야스퍼스의 철학에 관한 연구 저서들

HJN: Richard Lowell Howay: *Heidegger and Jaspers on Nietzsche*.

KB: Hans Jürg Braun: 'Karl Jaspers' Beziehung Zu Nietzsche,' in: *Nietzsche Studium*.

KF: Kurt Salamun: 'Karl Jaspers und Friedrich Nietzsche,' in: *Jahrbuch der Österreichischen Karl Jaspers Gesellschaft*.

KN: Walter Kaufmann: *Nietzsche*.

NPM: Thomas Long: *Nietzsche Philosophy of Medicine*.

생명과 치유: 김정현: 『니체, 생명과 치유의 철학』.

참고문헌

|

Braun, Hans Jürg: 'Karl Jaspers Beziehung zu Nietzsche,' In: *Nietzsche Studien Band 15*, de Gruyter, Berlin 1986.

Howey, Richard Lowell: *Heidegger and Jaspers on Nietzsche*, Martinus Nijhoff, The Hague 1973.

Jaspers, Karl: *Nietzsche und Christentum*, R. Piper & Co. Verlag, München 1952.

_____ : *Die Gestige Situation der Zeit*, Sammlung Göschen Band 100, de Gruyter, Berlin 1955.

_____ : *Vernunft und Existenz*, R. Piper & Co. Verlag, Munchen 1960.

_____ : 'zur Nietzsche Bedeutung in der Geschichte der Philosophie,' in: *derselbe —Aneignung und Polemik*, Hrsg. Von Hans Saner, München 1968.

_____ : *Nietzsche —Einführung in das Verständnis Seines Philosophierens*, Walter de Gruyter & Co. Verlag, Berlin 1974.

_____ : *Chiffern der Transzendenz*, R. Piper & Co. Verlag, München 1977.

_____ : *Nietzsche und Christentum*, R. Piper GmbH & Co. Verlag, München 1985.

_____ : 'Studium, 1901-1907,' Teils 2, in: *Jahrbuch der Österreichischen Karl Jaspers Gesellschaft 10*, StudienVerlag, Innsbruck 1997.

Kaufmann, Walter: 'Nietzsche —Wissenschaftliche Buchgesellschaft,' in: *Nietzsche Studien Band 9*, de Gruyter, Berlin 1990.

Niezsche, Friedrich: *Werke in drei Bänden*, Hrsg. von Karl Schlecta, München 1956.

_____ : *Briefe —Kritische Gesamtausgabe*, Hrsg. Von Giorgio Colli und Mazino Montinari, Berlin 1975.

_____ : *Sämtliche Werke, Kritische Studienausgabe in 15 Bänden*, Hrsg. von Giorgio Colli und Mazino Montinari, Berlin/New York 1980.

Salamun, Kurt: 'Karl Jaspers und Friedrich Nietzsche,' in: *Jahrbuch der Österreichischen Karl Jaspers Gesellschaft*, StudienVerlag, Innsbruck 1988.

김정현: 『니체, 생명과 치유의 철학』, 책세상, 2006.

니체, 프리드리히(김대경 외 옮김): 『니체 전집』(전 10권), 청하, 1989.

_____(정동호 외 옮김 및 편집): 『니체 전집』(전 21권), 책세상, 2003.

비저, 오이겐(정영도 옮김): 『신의 추구자이냐 반그리스도교도이냐』, 이문출판사, 1990.

야스퍼스, 칼(강영계 옮김): 『니체―생애』, 도서출판 까치, 1984.

_____(이종후·정영도 옮김): 『초월자의 암호』, 이문출판사, 1996.

_____(이진오 옮김): 『니체와 기독교』, 철학과 현실사, 2006.

잘라문, 쿠르트(정영도 옮김): 『카를 야스퍼스』, 지만지, 2011.

정영도: 『칼 야스퍼스의 《니체와 기독교》 읽기』, 세창미디어, 2013.

_____: 「야스퍼스의 니체 이해」, 『인간과 사상』 제29집, 한국동서철학연구원, 2017.

_____: 『니체 vs 바그너』, 세창출판사, 2019.

야스퍼스 vs 니체